ベンチャー経営を支える**法務ハンドブック**

スタートアップを成長させる法と契約 　改訂第2版

Legal Guide for Startup

橘　大地　弁護士ドットコム株式会社取締役執行役員
クラウドサイン事業本部長　弁護士　　　　　　［著］
中野友貴　弁護士法人クレア法律事務所　弁護士

第一法規

はじめに

　2019年に本書を第一法規株式会社から再出版した当時と比べ、2023年現在、スタートアップを取り巻く環境はさらに様変わりした。「DX（デジタルトランスフォーメーション）」という言葉を日常的に見聞きし、大企業や官公庁もスタートアップ企業が開発したクラウド製品を利用し、業務生産性の向上が目下の国家的課題となっている。政府もこれを受け、税制改革等を通してスタートアップ企業への投資環境を促進すべく、時価総額1,000億円を超えるスタートアップ企業であるユニコーン企業を創設していく方針を示している。

　我が国は現在、デジタル化への移行に完全に失敗している。わたしたちが普段利用するデジタル機器は米国企業が開発したApple製品や韓国企業・中国企業が開発した機器であり、その機器に搭載されるOSもまた米国企業のApple、Googleが開発したものである。アプリケーションレイヤーでのこの10年間はSNS・動画の時代であり、グローバルで普及したSNSプラットフォームはFacebook、Instagramであった。消費者の興味関心が動画に移行した後もYouTube、TikTokといずれも海外から生み出された製品を私たちは日常利用している。

　グローバルでの産業構造がデジタルに転換する中、米国、中国は国策としてスタートアップ企業を優遇し、その成長を後押ししてきた。その結果、国全体としての成長を牽引していることは疑いの余地がない。我が国もまた、スタートアップ企業を支援・成長促進を後押しする中で国全体の成長を牽引することが、ようやく求められている。出遅れてはいるが、時は巻き戻らず、今から変えられる未来に全力を注ぐ他ない。Web3.0（ウェブスリー）、メタバース、トークンエコノミーといった新しいデジタル社会の潮流は止まることなく、投資分野の変化の波は激しい。今から投資を集中すればデジタル社会の覇権争いは、遅くとも、巻き返せる道が常にある。

　そのため本書がスタートアップ企業の成長に繋がることができればと

願った2016年当時、再編集した2019年から、その願いは変わらないが、社会の側が完全に一変し、成長産業の重みは年々増している。

その責任の一端を、自分自身もまた担っている。従来まで紙と判子で契約締結していたものを、クラウドで簡潔に締結できる「クラウドサイン」の責任者をしており、日本の生産性を向上させるために奮闘する。現代を生きる私たちが、新しい商慣習を変えていく責任がある。

起業家を支えるべく、私たちが日頃扱う法律、契約を正しく扱えるためのヒントに本書が繋がってほしい。

2023年2月

橘　大地

. . . .

本書はスタートアップに特有の法務事項を、起業家向けに整理することを目的としている。私はスタートアップ法務を専門として弁護士業を行っており、日常的にスタートアップにおいて生じる法律問題について相談を受けている。「法務」というとリスク回避の側面が強調されることが多いが、スタートアップ法務に関しては、リスク回避はほんの一部に過ぎない。

資金調達、人材採用、知財管理、アライアンス等のスタートアップが直面する様々な課題に対し、法律を用いて、企業価値を最大化させるための戦略を描くことが重要である。このためにはスタートアップをめぐる法律の基礎を把握しておくと効率的であるし、より有効な手段を決定しやすい。

細かい点はスタートアップ法務の専門家に任せればよい。急成長を求められるスタートアップ企業にとっては時間が何よりも重要である。効率的にこれらの基礎を把握してもらい、過大にも過小にもならないような必要十分な法務リソースを配分してもらいたいという思いは前回の改

訂時の2019年から変わらない。

　本書は、2019年改訂時から法令の改正等を踏まえて再編集した。前回改訂時のものを見直すと、現在までにスタートアップ法務をめぐる環境も大きく変わったと実感させられた。

　優先株やストックオプション等のスタートアップ法務に関する基礎的な理解がかなり浸透している。様々なアクセラレータープログラム等で理解が共有されているためであろう。これらについては基礎的な事項を前提に、応用的な活用方法を議論することも多い。

　また電子契約をはじめ、AIによる契約書レビューサービスや、登記申請書等の法務書類の作成サービスなどいわゆるリーガルテックの領域がスタートアップ法務の領域においても拡充している。法務の効率化に資するため歓迎するべき状況といえる。

　また、スタートアップ支援を専門として掲げる法律事務所等が増加し、支援を受ける敷居がかなり下がっていると聞く。さらには、スタートアップにおいて社内弁護士として法務・事業の両面で活躍する専門家も増えている。2012年頃からのベンチャーへの社会的ニーズの高まりに伴っているものといえる。スタートアップ法務の領域において情報の活性化が行われ、起業家を広く・深く支援できるとすれば望ましい状況である。

　今回の改訂は、法令の改正等のほか、このようなスタートアップの法務面に関する環境の変化にも合わせて多少の見直しを行っている。

　本書がスタートアップ企業の成長の一助になり、よりよい社会を創ることを願う。

2023年2月

中野友貴

＜前版　はじめに＞

　本書は、2016年にレクシスネクシス・ジャパン株式会社から出版した書籍を2018年に編集し直し、第一法規株式会社から再出版した書籍である。2016年当時、刊行した思いとして以下のような言葉を書き記していた。

　"ベンチャー企業を経営する起業の方法、資金調達方法、財務分析、ファイナンスに関する研究発表の機会は見受けられるものの、その研究を土台にして、「ベンチャー経営に具体的にどう活かしていくのか」という目線での書籍が存在してもいいとの考えが共通認識であった。"

　2018年に本書籍を編集し直す機会を第一法規株式会社からいただき、当時から現在のベンチャー企業を取り巻く社会からの目線の変化を感じていた。当時からFacebookやAppleといった世界的企業に注目こそ集まっていたが、日本企業のメガベンチャー企業と評価されていた多くの企業はゲームプラットフォーム企業やゲームコンテンツ企業だった。実際にゲームコンテンツ企業群の一部は、IPOや企業売却を行い、エクイティファイナンスの世界で成功したと表現してよいだろう。しかしながら、2018年現在では、フィンテックに代表される「X Tech（クロステック）」の呼び名で日経新聞などのメディアを連日賑わしている。インターネットを活用したサービスが様々な業種、業態、消費行動を変化している実感が湧き、その市場規模の大きさから報道でのベンチャー企業群への注目度が上がってきている。

　それに伴い、ベンチャー企業を取り巻く専門的知識の流布も行われ始めている実感がある。主に、エクイティファイナンスを始めとする株式に対する知識、役員・従業員に付与するストックオプションに対する知識を中心に、会社を成長させていくに重要な知識から順に情報に触れる機会が増えていった。そのため、2018年に再構成するに当たり、自然と

本書の役割も変化させることにした。一般的なベンチャー企業がおよそ持ち得ている知識については解説部分を大幅に削除し、より実践的な目線で法律を活用できるようなアドバイス部分を増加させることとした。その意味で、専門家が期待する一般的な法律書籍とは遠くなり、専門家からすれば学習にならない可能性もある。しかしながら、本書の対象を基本的には現在ベンチャー企業で働く法務部と設定し、より実務にすぐに活かせる書籍となったと感じている。

　基本的な構成としては、前回実施した起業家、法務部員、キャピタリストなどへインタビューした結果に基づき、法務知識として得たいという回答数が多い部分を章立てして解説を行っている。

　ベンチャー企業の経営者の中には、未だプロダクト、ビジネスデベロップメントに専念したいから法務・財務面は専任の担当者に任せたいと考える方も少なくない。成長を目指す以上、発想として理解できる。しかしながら、小さい規模であるからこそ、規制の存在や1つの契約により事業の影響度が大きくなる。本書くらいのライトさを有した知識は持っておくに越したことはないであろう。

　また、2016年段階から変化したこととして、ベンチャー企業のコンプライアンスの重要性は避けて通れない。当時もベンチャー企業のアドバイザリーとしてコンプライアンスの重要性を説いていたものの、社会全体の空気感としてベンチャー企業は法令遵守を全て行っていたら会社経営が困難となる、といったような前提での会話を聞くこととが多かった。しかしながら、現在では時に法令で課されている規制より厳しい消費者感覚で自律していくことが求められる局面が増加していっている。それは良い意味で、ベンチャー企業に対する期待感、注目度が上昇していっているからに他ならない。社会を構成する重要なステークホルダーとして、ベンチャー企業といえども法令遵守や自律した自主規制の在り

方がまさに問われている。巨大ベンチャー企業が個人情報保護の観点より、消費者からの厳しい目が向けられているが、このような消費者からベンチャー企業への不安の目は今後も続くであろう。

　加えて、法の「グレーゾーン」に対する考え方も変化した。法の「グレーゾーン」はベンチャー企業にとっては青信号かのような風潮も一部で存在していたが、現在では通用しない。むしろベンチャー企業が率先して法の「グレーゾーン」を付け足しにいくようになっている。法が予定していなかった文言は、法の趣旨を満たすように改正、規則で明記するように積極的に法を作り出すよう参与し始めている。ベンチャー企業が法を理解し、リ・デザインしていくことは今後も求められよう。

　そもそも法は、ベンチャー企業であっても、伝統的な大企業であっても、適用される法令が異なるわけではない。法令自体は、会社法、労働法、著作権法など、原則として同じ法令が課される適用される。ベンチャー企業だからという特殊性はない。あるのは同一の法を前提として、目指すべき理念の実現のために、どの法を活用するかの視点である。スケーリングを前提とした、ベンチャー企業に必要な法の活用はどうあるべきか。今後も変化していくのだろう。

　そして、本書にサブタイトルを加えることにした。ベンチャー企業と当時呼ばれていた名称は、現在では「スタートアップ」と呼ばれることも増えた。企業設立から、その成長に応じた法律解説を行う以上、未上場企業を前提とした「スタートアップ」企業を対象とし、今回再編集に際してサブタイトルを追加した。本書がスタートアップの成長に応じた、法の活用術の参考になれば有難い。

2018年11月

橘　大地

．．．

　本書は、スタートアップの経営者をはじめとするその関係者のために執筆したものである。

　「ベンチャー経営を支える法務ハンドブック」はスタートアップ法務を主要な業務として取り扱う私にとって、注目すべき書籍であった。
　法務に関する書籍には、背後にある考え方に立ち入ることなく、法務上のポイントのみが列挙されるものが多くある。
　しかし、例えば、ベンチャー企業の立場から投資契約書を検討する際には、例えば、株式買取請求権という概念を知っていたとしても、ＶＣやエンジェルの狙いを踏まえたうえで理解しておかなければ、交渉しなければ交渉のピントがズレてしまい、真に確保するべき利益が確保できない事態が生じることがありえる。同様に、労務に関していえば、ストックオプションの制度を理解していたとしても、これを優秀な人材の獲得のために有効に活用しなければ、ベンチャー企業にとっての肝になる優秀な人材の獲得はままならない。
　「ベンチャー経営を支える法務ハンドブック」では、ＶＣやエンジェルの性質や目的、優秀な人材を獲得する必要性やその方策など、ベンチャー企業にまつわる課題や背景が詳しく解説され、それにかかわる法務への理解に役立つものであった。
　このため、同書は、特に、ベンチャー企業支援を志す弁護士や会計士、税理士その他コンサルタントにとって有益な書籍であった。

　本書を再編集することについて、橘さんから提案を受け、再編集のテーマを検討した。
　1つは、情報を新しくすることにある。「ベンチャー経営を支える法務ハンドブック」は、2016年に執筆されたものである。見直してみると、たった2年であるとはいえ、ベンチャー企業を巡る法務についても

常識が変わっている。

例えば、ここ1年間程度で、スタートアップ企業の資金調達手法として、有償ストックオプションの発行によるスキームが浸透している。このようなスキームへの理解なしには、投資家との交渉もスムーズではない。

また、バイアウトによるイグジットが2年前に比較すると浸透している感があり、これを見据えてスタートアップの段階から適切に法務を整えておく必要性が高まっている。

さらに、AI、IoT等の技術を活用して、様々なビジネス領域をテクノロジーで変革するビジネスモデル（X-Tech）が多数生まれる一方で、法令のグレーゾーンを解消することが主要な課題となっている。これに対応して、グレーゾーン解消制度、新事業特例制度、規制のサンドボックスなどといった新たな制度ができており、これらを活用することで安心してビジネスを加速させることができる。

これらはこの2年間の動きであり、現在のスタートアップ法務に対応するのであれば、上記を理解することは必須になっている。そこで、再編集の1つ目のテーマとして、このような時代の変化に対応して、情報を新しくすることとした。

再編集の2つ目のテーマとして、スタートアップの「現場」でより役立つものにすることにした。

特に、法務に全く携わったことがないスタートアップ関係者の中には、株式とは何か？雇用とは何か？契約とは何か？などといった基礎的な点を抑えることがないままに、優先株式、税制適格ストックオプションなどといった概念を理解することは非常に困難であると思われる。

また、いざベンチャー法務を行うとすると、実際に大変なのは基本的な内部手続き（例えば、新株発行するときに何をすればよいのかわからないなど）であることは少なくない。これら手続きは、多くの企業で専門家に依頼するため、スタートアップ向けにまとめられた書籍はあまり

見られない。

　このような課題から、本書では、基本的な概念に対する導入的な部分の説明を厚くし、また、手続き部分にも対応できるように加筆を行った。

　もちろん、スタートアップが成長するためには、法務に時間やリソースを割くよりもプロダクトの開発・改善、営業活動等に専念するべきであり、そのために、法務については適切に専門家を活用するべきである。

　しかし、創業初期においてはコストを抑えるために起業家自らが行う場合もあるし、仮に専門家に依頼する場合であっても、スムーズに、かつより深い提案を受けるためには、必要な事項については理解しておく必要がある。

　日常的なスタートアップ法務で、基本的な点を事前にまとまった形で示すことができれば、日常の相談の密度をより高め、よりスタートアップにとって有益な提案をしたり、法務にかける時間的コストを抑えたりすることが可能であると感じている。

　本書では、このような必要性に対応するべく、基本的な事項一般的な手続きについても、解説を加え、スタートアップの現場で参照していただけるものと自負している。

　スタートアップが社会を変える。その支えとなる書籍を作りたいという思いから執筆した。

　本書が、スタートアップの成長の一助になれば嬉しい。

2018年11月

中野友貴

Legal Guide for Startup

目次 ベンチャー経営を支える**法務ハンドブック**

スタートアップを成長させる法と契約 改訂第2版

第3章　ベンチャーファイナンス

第4章　最新のベンチャービジネスと法規制の概要

第5章 スタートアップ企業を支える労務戦略

第6章 スタートアップ企業の知的財産戦略の最大化

第1章

スタートアップと
法務総論

Legal Guide for Startup

第1節　本書のターゲットとスタートアップの定義

　本書では、スタートアップの法務戦略に関する解説をしていく。スタートアップはベンチャー企業と何が違うのか？という疑問もあるため、まずはスタートアップの定義、ベンチャー企業との違いについて明らかにする。

　「ベンチャー企業」とは、「新しいビジネスモデル、技術等を開発し、当該新規性のある技術等を用いて事業運営している高い成長力を有する企業」のことと一般的には定義付けられている。そのため、設立して間もない企業であれ、東証一部に上場しているような大企業であれ、上記に定義される新規事業を行い続けている企業であれば、ベンチャー企業と呼ばれている。「スタートアップ」も、ベンチャー企業に包含される。

　スタートアップとベンチャー企業との違いとしては、スタートアップには、特有の目的・時期的要素が加わる点が挙げられる。具体的には、「新しいビジネスモデル、技術等を開発し、当該新規性のある技術等を用いて事業運営している高い成長力を有する企業のうち、IPO（新規株式公開）やバイアウト等のイグジットを目指し、この基盤を形成する途上にある企業」をスタートアップと定義する。

　スタートアップのイメージをつかむために、ベンチャー企業の成長ステージを以下のように類型化して説明したい。本書のターゲットは、このうち、主にシードステージからミドルステージである。

▶シードステージ

　シードステージとは、「プロダクト段階」といった名称で呼ばれることもあり、プロダクトを開発する段階のステージである。このステージにおいては、いまだ会社の形態をとっていないことが一般的である。

▶アーリーステージ

　アーリーステージとは、会社を設立した直後の時期を指し、「スタートアップステージ」と呼ばれることもある。主に、サービスの拡大期でマネタイズができていない段階である。会社設立後、何年目までをこのアーリーステージと呼ぶかは特に決まってはいないが、おおむね会社設立後2〜3年ほどの時期となる場合が多い。

▶ミドルステージ

　ミドルステージとは、自社の事業が成長を遂げている最中であり、徐々に収益を上げられるようになってきた時期を指す。そのほかにも、「グロースステージ」や「エクスパンションステージ」と呼ばれることもある。

▶レイターステージ

　レイターステージとは、自社の事業が軌道に乗り、安定的に収益化できるような時期のことを指す。ベンチャー企業の成長ステージの最終段階であり、IPOの準備段階が、このレイターステージに位置付けられることとなる。

　レイターステージになると、IPOやバイアウトなどのイグジットのための具体的な企業運営をとることになる。

▶IPO後

　IPO後は、一般投資家から資金を集めて事業を成長させることになり、これによって得た利益を株主又は社会に還元していくことになる。上場企業としての管理体制を整えつつ、適切なIR活動等が求められることになる。

　スタートアップは、ハコもプロダクトもチームも資金もない段階から、IPOやバイアウト等のイグジットのための体制を整えなければなら

ない。シードステージから短期間で高い成長力をもって上場を目指す過程には、会社の設立、人材集め、資金調達、プロダクト開発・リリースについて適切な戦略を立案していかなければならない。このような点を管理運用しつつ、成長し続ける過程にこそ、スタートアップ特有の問題点がある。具体的な法務としては、株式を有効活用した成長の先取りや、短期間で多くの従業員が増加することによる労務管理の適正化、ストックオプションの活用、イグジットを見据えた管理体制の構築といった戦略を立案する必要がある。

　スタートアップ段階から留意すべき法務事項は多岐にわたるが、このような事項について理解し、適切に運用していくことがスタートアップの成長に有用である。本書ではこのような理由により、「新しいビジネスモデル、技術等を開発し、当該新規性のある技術等を用いて事業運営している高い成長力を有する企業のうち、IPOやバイアウト等のイグジットを目指し、この基盤を形成する途上にある企業」をスタートアップとして定義し、これに関わる法務を解説する。

図1-1 各ステージのイメージ図

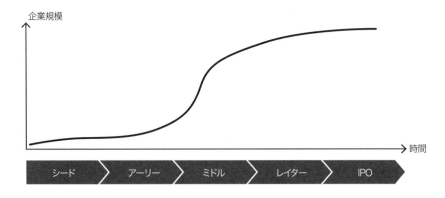

第2節　スタートアップへの社会的注目と法務

1　スタートアップへの注目の高まり

　日本では、いわゆるベンチャーブームが1970年代前半（第1次・製造技術系）、1980年代前半（第2次・流通サービス系）、1990年代から2000年頃（第3次・IT系）に巻き起こっている。第3次ベンチャーブームは、DeNAや楽天、ヤフー等の企業を生み出したが、いわゆるライブドアショックによるIPO審査基準の厳格化や、リーマンショックによるベンチャー投資の小規模化を受け、終焉することとなった。

　このような中、2010年代中頃より、ベンチャー企業への注目が高まりを見せるようになった。この背景には、テクノロジーによる社会の利便性の向上がある。特に、スマートフォンの圧倒的な普及により、人がいつでもどこでもインターネットに繋がる環境を手にしたことが大きい。ユーザーが膨大な情報にアクセスできるようになるとともに、企業は膨大な情報を整理し、ユーザーに発信していくことにより、社会活動のありとあらゆるところにテクノロジーが活用できるようになった。このような社会環境の変化を踏まえて、2000年代から2010年代はじめまでにGoogle、Amazon、Facebook、Apple等が日本国内でも浸透すると、国内でもベンチャー企業への注目が再度、集まることとなった。

　加えて、2013年頃以降、官民ファンドやコーポレートベンチャーキャピタルが相次いで設立されるなど、スタートアップに資金が集まる環境が整った。

　そのような状況を踏まえて、2013年からスタートアップの資金調達額は年々増加し、いわば第4次ベンチャーブームにあるともいわれた。これを象徴するのが、2018年6月、個人間売買プラットフォームを提供するメルカリが上場し、時価総額7,000億円を超える過去最大のIPO案件を記録したことだろう。

　このような中、2020年以降の新型コロナウイルス感染症の世界的な流行や、2022年ロシアによるウクライナ侵攻による天然ガス等の高騰により、市況は不透明になっている。

　しかしながら、2022年においては、AI契約審査SaaSを運営するLegal Forceや自動運転のソフトウェア開発を行うティアフォーなどが100億円を超える大型の資金調達をした。また、2022年上半期の国内スタートアップ資金調達額は4,160億円に到達し、これは過去10年で最大であった2021年の通年の半分に相当するという調査がある（株式会社ユーザーベース「2022上半期Japan Startup Finance」、2022年8月5日、8p）

　また、政府も「スタートアップ創出元年」をうたい、スタートアップ支援政策として、スタートアップ向け補助金や融資のほか、スタートアップの成長を支援する投資家・研究機関等の活動を支援する税制措置等、スタートアップの創出・育成を目的とした支援策を打ち出している。

　スタートアップ企業への注目がより高まることが期待されている。

2　スタートアップのエコシステム

　スタートアップが誕生・成長する裏には、これらの企業に資金を提供するVC（ベンチャーキャピタル）や、事業会社、エンジェル投資家（個人投資家）が不可欠である。このようなVC等の投資家は、リスクを伴うスタートアップに投資する以上、これを賄うキャピタルゲインを得る必要がある。そこで、程度の差こそあれ、スタートアップを支え、発展させるために自らも経営に参与する形式に発展していくことがある。いわゆる「ハンズオン投資」といわれる投資手法である。これらが発展し、VC等の投資家は、起業家のサービスを育てるプログラムを開催し、優秀な起業家を選抜・育成し、優秀な企業には投資をしていく手法（アクセラレータープログラム）も一般化している。

　また、エコシステムの循環として重要な役割を有するのが、元々スタートアップとして起業して成長を遂げたメガベンチャーである。このような「元」スタートアップ企業は、次世代のスタートアップの企業に投資をし、又はスタートアップを買収する存在に変貌を遂げた。スタートアップは、このようなメガベンチャーからハンズオン投資を受けるだけでなく、メガベンチャーの傘下に入ることで資金源を得てさらなる成長を狙っていく選択肢が増えることとなる。投資家としても、キャピタルゲインを得る道としてIPO（新規株式公開）以外にメガベンチャーに会社を売却することにより、莫大な収益を上げる選択が可能になる。

　加えて、経済産業省のJ-Startupや東京都の各種創業プログラム等による起業支援も活発になっており、起業家育成のために重要な役割を担っている。

　このような循環により、スタートアップを誕生・成長させていくエコシステムが発展しており（図1－2）、今後もより拡充していくことが期待されている。

図1-2 エコシステム

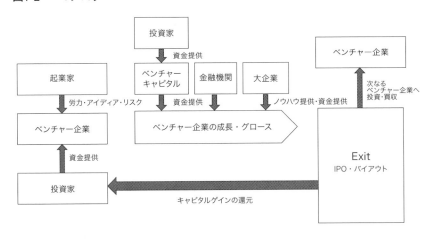

3　スタートアップの成長ステージに応じた法務戦略

（1）ステージに適した戦略構築

　法務戦略を構築していく上で間違いやすい典型例として、自社の規模・リソースを考慮しない戦略構築がある。この点、弁護士や会計士といった専門家においても、企業の財務状況や従業員数などをみずに、上場企業並みの管理体制をアドバイスしている事例もあると聞く。上場企業並みの管理体制の構築ができるに越したことはないが、その体制を運用できる人員がいなければ元も子もない。企業の規模に適した戦略を構築する必要があることは改めて重要である。

　また、スタートアップは、最終的にはIPO、バイアウトといったイグジットを目指すことになり、起業してイグジットに至るまでには様々な法務事項に直面することになる。もちろん、企業の規模が小さければ違法を見逃してもよいというわけではないが、ステージによって注意するべき主要な法務事項には濃淡がある。以下、ステージごとにどのような事項が主要な問題となり得るのかを具体的に見ていくこととする。

　なお、以下はあくまで目安でしかないが、スタートアップがイグジットを目指して成長していく以上、イグジットまでの成長ステージとそれに関わる法務を俯瞰しておくことは有用である。そこで、以下では、本書の主な対象から外れるレイターステージのベンチャー企業も含めて説明している。

（2）シードステージ

　シードステージにおいては、プロダクトの開発が中心となるため、取引先も多くなく、従業員の雇用も小規模である。そのため、将来の成長に向けた土台作りとして、下記の事項が主要な法務事項となる（項目横の括弧書きは、本書における解説箇所を示す）。

▶法規制の検討（第4章）

　自社で行う事業がそもそも違法であるならば、継続的な事業運営を行うことは不可能であり、開発段階から、自社事業のビジネス適法性判断を実施する必要がある。

　適法性判断でよくある落とし穴としては、適法か違法かという二軸で考えてしまうことである。何も手当てをしなければ違法であっても、許認可などの手続きを行うことで適法になる領域もあることは覚えておくとよい。行政庁への登録が必要なビジネスか、届出で足りるビジネスかといったような行政への手続きの要否、必要であればどのような要件で、どのような手続きを履行する必要があるのかという観点で確認する必要が生じる。

　また、ビジネスモデル自体の適法／違法ではなく、そのサービスの一部の機能だけが違法になるといった場合も存在する。サービスの一機能が違法であった場合にこそ専門家の腕の見せ所となる場合が多い。よくある事例として、一部の機能が違法であると判断し、その機能を止めてしまうということを耳にする。もちろん最終手段として機能自体を止める選択肢はあるものの、適法性を有しながら同様の効果を狙うような別の方策を検討できることがある。このような事案において、当該サービスの優位性を見極め、優位性の実現のための選択肢を業界知識として数多く理解し、それを踏まえて検討すべきである。

　このような法規制とその対応は、第4章で解説する。

▶資本政策（第2章）

　資本政策については第2章で詳しく解説していく。資本政策は基本的には後戻りができない。それゆえ、会社設立段階から、イグジットまでの大まかな資本政策のストーリーを描いておく必要がある。共同創業者やエンジェル投資家への株式配分を考える際には、将来的に役員や従業員に対してストックオプションをどの程度付与する予定か、イグジット

までに資金調達する予定はあるのか等の道筋をある程度描いた上で意思決定する必要がある。

▶知的財産権の活用（第6章）

知的財産権をどのように活用していくかについて、初期の段階から構想を考えておくとよい。現在開発している製品が、既存の製品にはない新規性ある発明であると考えられる場合、当該技術を特許（又は実用新案）出願し、以後の模倣製品への防止機能を有することができる。また、他の企業にライセンス許諾することによって、安定的な収益源となる場合もある。

特許権の場合には、「新規性」という要件（特許法29条1項）があり、製品を世に出す前に出願することが原則となる。そのため、このような発明といえる製品を開発する場合には、シードステージ段階から特許権の出願を検討する必要がある。そのほかにも、商標権や意匠権の活用なども考えられる。

知的財産権については第6章で解説する。

（3）アーリーステージ

アーリーステージにおいては、自社製品・サービスの提供を開始し、運用フェーズに入っている。この段階では他社との取引や提携などが進み、また広告費や従業員の人件費などの費用を捻出するため資金調達をする時期にある。そのため、ここでは契約法務とベンチャーファイナンスの必要性が生じる。これにあわせて、経営陣以外にも、自社で従業員を雇用することとなり、法務的には従業員の管理が生じ、ビジネス的にはチームマネジメントの必要性が生じることが特徴的となる。

▶契約法務（第7章）

自社のサービスをリリースする段階で、多くのエンドユーザーとの間

の契約関係となる利用規約を整備する必要がある。また、リリース後においても、サービスを伸ばしていく場面では、他社との契約関係が発生する。自社のリソースのみでは限界があることにより、人材の補充を行いたいのであれば、人材紹介会社との契約や派遣会社との契約などが必要になるほか、マーケティングを行う場合にはメディアとの直契約、又は広告代理店やアドテクノロジー提供会社との契約なども必要となる。

　他社との取引を行う場合には双方の権利義務を定める必要があるため、これを書面化した契約書が必要となる。このような契約書の作成は、初めのうちは雛形などを用意し経営者自ら契約交渉を行うケースも多いが、経営者がサービスの改善・拡充に専念したい場合には、外部の専門家などに依頼し契約法務をこなしていくことが効果的である場合も少なくない。

▶ベンチャーファイナンス（第3章）

　資金調達のタイミングは、必ずしもアーリーステージには限らないが、近年の傾向をみると、インターネット企業の場合には初期投資こそ必要にならないものの、サービスがリリースされ、ある程度の機能開発が終了したタイミングで広告費や人件費として資金が必要となる。また、インターネット企業の場合、初期段階ではフリーミアムモデルで無料での提供を行う場合も少なくないため、自己資金が枯渇してくるタイミングがこのアーリー段階で訪れるという要素もあり、結果的にこの段階で一度目の資金調達（シリーズAと呼ばれる）を行うこととなる。

　このような資金調達の際に必要となる知識がベンチャーファイナンスである。この資金調達方法については後ほどで詳しく解説していくが、近年では優先株式を用いる投資契約書も特殊性があるため、専門的な知識を要することになる。ここでも、一度締結された契約書を後から不利になっていたことに気付いて是正するようなことは基本的には困難であり、この段階から正確なファイナンス知識を持っておく必要がある。

▶従業員管理（第5章）

　企業が成長していくにつれ、経営者以外にもリソースを活用する必要性が生じ、従業員を雇用することになる。当然であるが、従業員を雇用して野放しに仕事を任せるわけにもいかず、従業員の管理が必要になり、法律的にも労務関係の法律に照らして適切に運用する必要性が生じることとなる。

　企業として残業を許容するのかについても、事前に届出を行うことによって原則許容という設計にするのか、休日出勤や深夜残業についてはどうするのかといったビジネス上の問題など、残業代の発生と関連して企業としてはクリティカルな問題になる。初期段階から裁量労働制を導入するなど、その企業に適した労務プランニングをすることが求められることとなる。また、休日労働などを従業員が行う場合には、労働者代表との間で締結した時間外労働、休日労働に関する協定書を労働基準監督署に届け出る必要があるなど、法令上の手続きを懈怠しないようにする必要がある[1]。

　経営者としては、ここからは個人としての成績ではなく、従業員を活用したチームでの成果を目指すという考え方に転換していく。従業員を管理するのみでなく、どうすれば従業員のモチベーションを向上させ、リソースを最大化することができるかといったことに日々頭を悩ませることになる。経営資源の最大化こそが、経営者の最大の仕事である。

（4）ミドルステージ

　ミドルステージになれば、取引数の増加とともに、自社の従業員も増加していることに起因して、管理体制も変化を遂げることとなる。適法性の観点としては、経営者らが自ら法令等を遵守することに加えて、ガ

---

[1] この点、ベンチャー企業経営者は、初期段階から労務上の手当てを行うものなのか頭を悩ませている実態が存在する。半ばタブー視されている実情があるが、適法性を担保する必要があることは当然、従業員の成果を最大化する意味でも労務プランニングは初期段階から行うことを強く推奨する。

バランスをマネジメント層経由で各従業員にまで行き届かせる必要がある。また、契約書自体の管理の必要性も生じる。質的な変化としても、専任の管理担当者を設置するのもこの時期になるのが一般的となる。

▶契約書の管理（第7章）

ミドルステージになると、事業も成長しており、契約書についても、日々新規契約書を締結していく交渉業務だけでなく、それまでに締結した契約書の管理をしていく局面に移る。契約書をアーカイブ化し、PDFによって適時契約書を確認できるような管理体制を構築する必要がある。また、それまでに締結した契約書に定める自社の義務は何であったかを現場側が理解せずに運用する可能性も生じるため、義務内容の把握という意味での管理も同時に重要となる。

また、重要な提携契約や投資契約といった契約については、きちんと契約期間を把握し、自社の安定的な収益構造に影響が生じる期間や契約期間の更新条件を認識した上、将来の提携関係をどのようにしていくか判断する必要がある。契約管理状況がずさんな会社であれば、契約期間の状況も把握せずに一部の契約書は自動更新で、一部は契約期間がいつの間にか切れていたというような事態にもなっていることが少なくない。適切な判断を下していくためにも契約書管理は重要である。

▶ストックオプションの活用（第5章）

ストックオプションについては後ほど詳述するが、基本的には自社の役員又は従業員に対して自社の新株予約権を付与することによって、上場後に株式に転換してキャピタルゲインなどを得ることができる制度である。そのため、従業員に対して金銭的にも満足させるメリットを享受させることができる機能を有するが、当然株式の希薄化事由となるため、株主との関係で、事実上の付与数の制限がある。どの従業員に何株付与するかといった会社の評価と政策的な判断を要することとなる。

　ストックオプションは社員をモチベートするための一手段であり、必ずしも付与する義務はないが、シリコンバレーなどでも優秀な人員をコミットさせる効果的な手段として機能している実情をみるに、日本においても、会社の初期段階からさらなる活用を行うことが期待される。

（5）レイターステージ

　レイターステージになると、IPOやバイアウトなどのイグジットの可能性も視野に入ることになるため、会社組織として健全性を有し、属人性を排除して中長期的に組織運営を図れる組織形態になっている必要がある。法令を遵守した手続き実施に加え、内部での統制が効いているか、内部者取引がないかといった健全性が重要となる。その意味でも、属人的な要素を排除すべく、会社のルールを書面として整備することが求められる。

　また、イグジット時の従業員メリットを享受させるためにも、ストックオプションなどを付与して従業員の今までの功労的意味合いと、これからのより一層のコミットメントを引き出すといった機能を活用することも1つの方法である。IPO準備段階においては、コンサルタントなども入ることが通常であるため、アドバイスに従って活用していくこととなる。

▶会社内ルールの整備

　成熟してきた会社においては、特定の人がいなければ機能しないような属人的な要素はなるべく排除し、中長期的に安定的な企業運営ができるようにすることが求められる。その手段として、会社の基本的な事項や原則について書面において明文化し、その明文化されたルールを組織的に運用していくことが効果的となる。

　具体的には、会社の憲法ともいえる定款、従業員との間で効力のある就業規則、会社のルールを規定する各種の社内規程で定めることとな

る。ベンチャー企業においては、明文化を嫌う経営者も多いが、会社内ルールの整備は必ずしも属人的な裁量権を全て奪うようなことを意味せず、あくまで会社の原則的な運用ルールの中で、属人的な能力を発揮し、活躍してもらうことを期待するものである。会社のルールと従業員の活躍のバランスに関連するため、後ほど詳しく分析していくことにする。

▶コーポレートガバナンスの徹底

IPOを行う場合、多数の株主をはじめとしたステークホルダーが関わることになる。バイアウトの場合にも、他企業の子会社となることになるため、経営者によって企業の価値を毀損するようなことは一層許容されないこととなる。そのため、このような裁量権を有する経営者を監督し、長期的に企業価値を向上させていく必要がある。

このようなコーポレートガバナンス（企業統治）を整備する上では、会社の機関設計として取締役会、監査役会を組成し、取締役の経営状況や適法性を監視するほか、監査法人を選任し、財務上の監査も行い健全性を担保することが一般的となる。そのほか、会社組織の業務の適正を確保するための体制として内部統制システムを導入することもこのレイターステージにおいて構築していくこととなる。

第2章

設立初期段階で講じる
法務戦略

Legal Guide for Startup

2

第1節　スタートアップ誕生の瞬間

1　株式会社とそれ以外の設立モデルの比較

（1）スタートアップは、なぜ「株式会社」なのか

　自社のビジネスモデルや事業計画を策定しサービス開発を行うという段階で、会社を設立せず個人事業主としてサービス開発を進めることもできる。また、株式会社を設立する選択肢や、株式会社以外の会社や団体組織を設立する選択肢もある。

　その中で、なぜスタートアップ企業では「株式会社」という会社形態を採用するのだろうか。実際には、法律上のスキームを考えることなく株式会社を設立するケースが通常で、多くの場合その選択で間違いではないが、ここではスタートアップ企業経営の本質を理解する上で、株式会社の仕組みについて解説する。

（2）個人事業主でなく、会社を設立する意味

　開発者が個人でサービスを開発・運営しており、特に組織化していない場合、株式会社を設立せず、個人事業主として活動されているケースも実際に多く見受けられる。いわゆる「フリーランス」である。共同事業を行う場合においても、必ずしも会社を設立する義務はない。それではなぜ会社形態にするメリットがあるのだろうか。まずは会社という制度を機能面からみていくこととする。

▶会社という人格を作り、法律処理を簡便にする機能

　個人事業主と会社の違いについて、様々な説明がなされているが、法的な最たる差異は、自分個人の人格とは別個独立した「会社」という人格（「法人格」という）を有することになる点である（会社法3条）。

　複数人の個人事業主により形成された共同事業が、「会社」を設立せ

ずに運営されているケースを想定してみるとわかりやすい。会社という法人格がない以上、個人事業主が取引先と契約を締結する場合、個人として契約を締結する必要がある。また、取引の性質によっては、個人事業主全員が契約の主体となる必要が生じ、取引をするたびに、契約手続きに時間を要することになり、取引の遅延が生じることが想定できる。それゆえ、会社に法人という人格を与え、法人として権利義務の主体となることによって、法律関係の処理が簡便になる機能を有するのである。

　また、契約のみならず、多数の開発者によって開発したサービスの知的財産権を多数の開発者にばらばらに帰属させるのではなく、「会社」という法人格に一括管理させることも可能となる。これにより、知的財産権を活用する際、その都度開発者全員の同意を要する手続きがなくなり、迅速な権利活用ができることとなる。このような法律関係が簡便となる点は、迅速な事業運営が必要なスタートアップ事業においてはコアとなる機能といえよう。

図2-1 法人格と権利関係のイメージ

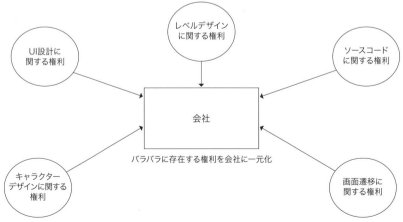

▶経営者の責任負担を限定する機能

　個人事業主が事業運営を行う場合、その事業により生じた損害については、原則としてその個人事業主自身が損害賠償義務を負うことになる。また、契約主体も個人事業主自体が主体となるため、万が一事業で債務を負った場合には、個人事業主自らが債務を履行する義務を背負うことになる。

　例えば、1,000万円の自己資金を投下してサービスを開発したような場合において、サービスの不具合によって、取引先に対して1億円相当額の損害を生じさせたとき、1億円の損害賠償の支払義務は個人事業主自身が負う可能性が生じる。自らが投下した金額以上の責任を負うことになると、経営者は事業を行うこと自体に萎縮してしまい、自ら資金を投下して起業を行うインセンティブが阻害されることになる。実際にそのようなリスクと常に隣り合わせとなる状況では、安心して事業に専念することができず、実力がありながらも起業に挑戦する者は少なくなってしまうだろう。

　この点、会社法は「有限責任」という制度を採用（同法104条）し、自らが投下した資金以上に責任を負うことは原則としてない。また、契

図2-2　経営者の責任負担を限定する機能

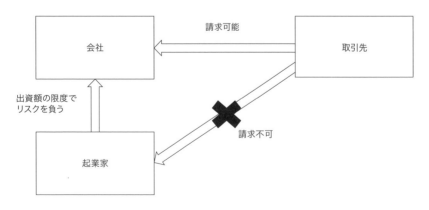

約主体も事業者自身でなく、会社という法人が契約主体となり、会社の債務を事業主自身が負わずに済むことになる。事業上の理由により生じた負債については、個人資金を用いてでも債務を返済する義務がない[1]ため、起業家が過度に萎縮することなく経営に専念することができる。

▶エクイティファイナンスを利用できる機能

個人事業主の場合には、当然ながら会社の「株式」という概念がない。個人事業主自らが銀行などの投資者から借入（このようなファイナンスを「デットファイナンス」という）を行う必要がある。一方で、会社の場合には、会社自体の企業価値・信用力を基礎として、保有している株式を譲渡する方法、又は株式を新しく発行する方法などによって、資金調達（「エクイティファイナンス」という。詳細は後述）を図ることが可能になる。

個人事業主自身に大きな信用力があれば、理論上は多額の借入を行うことは可能であるが、リスクを伴う事業を行う場合、債権者は、経営者個人に貸付けをしても、貸付金を回収できないリスクがあるため、多額の貸付けを受けることが難しい場合がある。会社自体の将来生み出すキャッシュフローに期待し、現在の企業価値[2]を算出した上、リターンの大きいキャピタルゲインが図れるエクイティファイナンスが可能であるからこそ、スタートアップ企業は多額の資金調達が可能になる。そのため、エクイティファイナンスによって成長を先取りし、高い成長性を促進するためにも会社の株式制度を利用した資金調達が効果的となる[3]。

以上が、単なる個人事業主の集合体でなく、「会社」設立によって企業運営を簡便にする機能の一例である。そのほかにも、ストックオプシ

---

[1]　経営者自らが連帯保証をしていないことが前提となる。また、一定の場合には役員責任を追及されることはありえる。

[2]　ここでは細かい説明を省略するが、企業の価値算定の手法として、純資産法、類似企業比準法、DCF法などがあり、スタートアップ企業の場合には、DCF法を元に算出されることが多い。

[3]　ここは個人事業主と会社の比較というよりは、厳密には個人事業主と株式会社の比較であるが、説明をわかりやすくする趣旨で当該比較とする。

図2-3 エクイティファイナンス

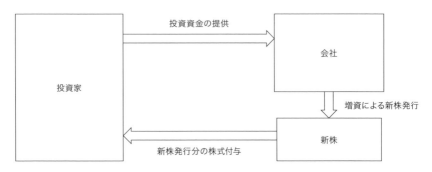

ョン制度が利用できる点、法人税・損金算入に関する論点といった税務上のメリットの点も重要となる。ただ、まずは大枠を掴む趣旨で上記3つの機能を覚えておくとよい。実際に経営を行う際に、この3つの機能に救われることが実感できる。

（3）株式会社という箱を選択する理由

　上記観点に基づき、会社制度を利用することとした場合、日本の会社法では株式会社以外の会社形態も定められている。ここでは、株式会社とそれ以外の会社制度を比較検討していく。

　まず、会社法では、会社の種類として株式会社、合同会社、合資会社及び合名会社という4つの会社形態*4が定められている。株式会社以外の会社形態は「持分会社」と呼ばれる（同法575条1項）。

　持分会社においては、出資者でなければ業務執行者となれないと定められる（会社法590条）。出資者と経営者が一致することが基本である。これに対し、株式会社では、会社への出資者たる株主と業務執行を行う取締役とが分離されている。つまり、持分会社は、株式会社に比して、その経営にも出資者の個性があらわれる。

---

*4　そのほか、会社法改正以前の特例有限会社なども存続しているが、ここでは割愛する。会社以外の仕組みとして、民法上の組合や有限責任事業組合（LLP）も考えられるものの、LLPは法人格を有しない点、許認可などの取得の際に煩雑になり実務上ではあまり用いられていない。

　また、合資会社と合名会社においては、出資者が無限責任（出資者の
責任が有限ではなく、会社の債務を株主が負う可能性がある）を負うモ
デルであり、リスクの高いスタートアップ経営には向いていない。

　合同会社は、株式会社と同様に、株主が出資した金額以上の責任を原
則として負わない有限責任であること、株式会社以上の定款自治が認め
られており、経営の自由度が高い形式であることに特徴がある。そのた
め、スタートアップ企業においても合同会社の導入が一時期は増加して
いくことも考えられていた。実際にも、米国においては合同会社（いわ
ゆる「LLC」）を用いている例[5]も多い。

　利便性の高い合同会社であるが、合同会社には株式制度がないことが
株式会社との大きな違いである。新株発行による資金調達方法を用いる
ことができない点、新規株式上場（IPO）は株式会社であることが前提
である点から、日本のスタートアップ企業においては、通常、株式会社
の形態をとる。

　なお、設立時には会社の自由度が高い合同会社で設立し、株式上場を
目指すタイミングで株式会社に組織変更するといった例もあり得るが、
早期に資金調達や株式上場を目指すことを踏まえ、初めから株式会社と
して設立する場合が通常である。投資家としても、新株予約権や、新株
発行によって投資をすることが一般的であるから、資金調達にあたりス
ムーズに進めやすい。以上から、基本的には素直に株式会社での設立で
よいといえる。

---

*5　米国の場合、日本と異なり、合同会社においても税法上のパススルー課税を有するため、導入
　　実績に差があると考えられている。

COLUMN

会社名は、どのように決めるのか

　定款作成時に、会社名（商号）を決定する必要があるが、会社名の決め方で悩む起業家も多い。特に会社名にこだわりがない場合、「サービス名」を会社名にすることをお勧めしている。ユーザーからもわかりやすく、採用面からも有利になるケースが多い。日本でも、楽天、ヤフー株式会社、グリー株式会社などがある。

　一方で、株式会社サイバーエージェントや株式会社ディー・エヌ・エーといった企業では、それぞれ「Ameba」「Mobage」といった基幹サービスがありながら、会社名は異なる企業も存在する。2021年「Facebook」は、メタバース企業に変わっていくことを宣言してサービス名と一致していた社名を「Meta」に社名変更している。もちろん、このように会社名と基幹サービスを異なるものとして会社の意思を宣言していくこともよい（ちなみに、スタートアップ企業において、会社名の変更は難しいものではないため、設立当時に拘るポイントではないかもしれない）。

　なお、株式会社ディー・エヌ・エーに関しては、プロ野球に参入する際に広告効果を考えて、社名を「株式会社モバゲー」に変更するかといった騒動もあったほどであり、一般的には、広告効果を考えるとサービス名を認知させる手法としては社名と統一するのがよいと思われる[6]。

　なお、会社名やサービス名を決める際、他社が既に登録している「商標権」を調査せず決定し、会社設立後に、商標権侵害の通知が届くといったケースも少なくない。インターネット上で商標検索が可能であり、検索した上で会社名を決定すべきである。

---

[6] 同社については、会社名にしなくては球団名にモバゲーを付けられない特殊性があったことを補足する。さらに詳しいプロ野球参入の経緯に関しては、株式会社ディー・エヌ・エー元会長の春田真氏著『黒子の流儀—DeNA不格好経営の舞台裏』（KADOKAWA／中経出版、2015年）が詳しい。同氏は、元々京都大学法学部出身であり、法務関係者にも読みごたえのある箇所も多いのでお勧めする。

2　株式会社の設立方法

　株式会社での設立を決定し、設立を行う際にどのような手続きになるのか。株式会社の設立手続きは、下記の図２－４のフローとなる。下記フローで設立手続きが進行されるが、ここでは簡単に３つに絞って説明する。

図2-4　株式会社の設立方法

（1）定款の作成

　定款（会社法26条）の作成であるが、定款とは、会社の最も根本的な規則であり、会社の事業目的や会社名（商号）、所在地といった会社の情報を示すことになる。そのほか、取締役会や監査役を設置するのかといった会社の機関設計、発行する株式の性質（譲渡の制限、譲渡時の手続き、優先株式の内容）、取締役の任期などもこの定款において定めることになる。

　会社の根本規則を定める手続きでありながら、実務上は設立時に専門家費用を捻出し難いこともあり、雛形的な定款を入手し使用しているケースも少なくないだろう。設立後に株主総会において定款変更が可能であるため、設立段階で時間と費用をさきすぎることも効率的ではない。もっとも、定款は会社の根本にも関わることなので、少なくとも記載内容は理解し、今後の変化に備えておくとよい。

（2）資本金の払込みと資本金額の決定

　定款作成後の手続きは、公証人から定款の認証（会社法30条）を受

け、その後資本金を払い込むことになる（同法34条）。

　設立時の資本金額の設定についても考慮が必要である。株式会社は、資本金１円から設立が可能であり、資本金のみでスタートアップ企業の信用度査定が行われることもないため重要度は高くない。そのため、債務超過にならない程度の資本金を用意しておくこと*7、また、融資を受ける際や許認可を受ける際に一定の資本金額が要件となることを踏まえて、適切な資本金額にすればよい。融資可能性、また業種によっては許認可要件となっていることもあるため確認が必要であろう。

（3）登記手続き

　登記を行うことで会社が法的に成立する（会社法49条）。登記手続きは、司法書士や弁護士に依頼することもあり得るし、コストが生じることを踏まえて自社で対応することもあり得る。近年では、登記に必要な書類等をウェブ上で容易に作成できるサービスなども増えている。費用対効果を考え、簡易に手続きを進めていけばよい。

---

*7　債務超過とは企業の負債総額が資産総額を上回る状態をいう。なお、債務超過にあることは、会社の破産手続き開始原因である（破産法15条１項、同16条１項）。

第2節　スタートアップ企業の機関設計と運営

1　スタートアップの機関設計

　会社法では必ずしも取締役会や監査役を選任する義務がなく、取締役1名以上がいれば足りる。機関設計を考慮せず、創業当時にいたメンバーが取締役として就任し、そのままの機関設計になっている企業も少なくない。

　取締役会を設置する場合、監査役又は指名委員会等若しくは監査等委員会が必要になるため、各制度に応じた人材を集めなければならないという負担がある。また、株主総会の招集通知期間を短縮するといった柔軟な会社運営ができなくなる負担もあり、スタートアップの初期段階では取締役会を設置するメリットも大きくないことから、多くの場合は、取締役会を設置しない形態が選択される。

2　取締役会の設置の適否

　取締役会とは、株主総会で選任された3名以上の取締役から構成される会社の業務執行を決定する機関である。重要な権限として、取締役の職務執行の監督がある。取締役の職務執行の監督を株主の選任を受けた取締役が行うため、事業を推進する役割もありながら、ガバナンスの仕組みとして期待されるのが取締役会といえる。取締役会が設置されることにより、会社法上、株主総会でなく取締役会で決定すれば足りる事項が増加する[8]。

　スタートアップ企業がベンチャーキャピタル等から資金調達などを行う場合、ベンチャーキャピタル等は、預かった資金を運用するという立

---

[8]　例えば、譲渡制限株式の承認、利益相反取引・競業取引の承認など

場上、スタートアップ企業の経営を監督する必要があり、取締役会の設置を要請することがある。

このため、ベンチャーキャピタル等から投資を受けたタイミングで、外部株主が派遣した取締役を交えた取締役会を構成し、会社のガバナンスを確保することが進められる。上場時までには取締役会を設置することが必要であるため、上場準備期には取締役会設置会社になることが一般的である。

3　その他の機関

　会社法上、取締役会を設置した場合、監査役、監査役会、監査等委員会・指名委員会等、会計参与などの監査機関を設置する義務がある（会社法327条2項）。取締役会設置と同時にこれらの機関を設置する必要が

図2-5 機関設計

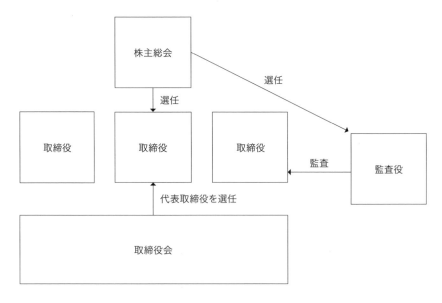

あるため、必要な人材を確保することになる（ベンチャーキャピタル等の紹介を受けることも多い）。

　監査役とは、取締役の職務の執行の適法性を監査する機関である。監査役は、監査役に認められた調査権限を行使して、監査の結果を株主等に報告するために事業年度ごとに監査報告を作成する。上場企業は、監査役会（監査役会に代えて監査等委員会又は指名委員会等を設置することも可能）、会計監査人（監査法人が就任する）を設置する義務がある（会社法328条１項）。

COLUMN

委員会制度とは

　上場企業は、監査役会設置会社、監査等委員会設置会社、指名委員会等設置会社のいずれかの制度を採用する必要がある。このため、上場準備期に入ると、監査法人とこれらへの移行を進めることになる。

　監査役会設置会社という制度は、3名以上の監査役で構成される監査役会が取締役の職務の執行を監査する。監査役は、取締役会で議決権がなく、監査対象は職務の適法性監査に限られ、職務の妥当性に対する監査を対象としていない。このような監査役会設置会社は、日本独自の制度であり、海外投資家からの理解を得づらい場合がある。また、上場企業が遵守すべきコーポレートガバナンスコードにおいて、一定の割合の社外取締役の選任が必要とされることから、監査役会設置会社においては、このような社外取締役と、社外監査役の選任が必要となり、人材の確保に対する負担が大きい。ただし、日本国内では従来から存在していた制度であり、監査役会設置会社を採用する上場企業の割合が最も大きい。

　これに対し、監査等委員会設置会社は、取締役会の中に監査等委員会が置かれ、監査を行う。監査等委員会のメンバーは、3名以上の監査等委員である取締役（過半数が社外取締役）で構成される。この制度は、社外取締役を中心とする監査等委員会が、監査を行いつつ、取締役としての職務を執行しながら、業務執行に対する監督を行うという制度である。このような制度は、海外の投資家からも理解が得やすい。また、この機関設計に必要な社外取締役を確保すれば、コーポレートガバナンスコードの要件も満たすことになる。このため、近年では、監査等委員会設置会社が増加している。

　指名委員会等設置会社とは、指名委員会・監査委員会・報酬委員会の三委員会を設置する機関設計である（会社法2条12号）。指名委員会等設置会社においては、各委員会は、取締役3人以上の委員で組織され、それぞれ社外取締役が過半数を占めることで、経営に対する評価・監督機能を高めることを目指す制度である。また、業務執行を執行役が担うことにより

経営の機動性の確保も期待できる。しかし、上記のとおり、多数の社外取締役の確保が必要になるため、人材の確保が困難であり、また監査等委員会設置会社が利用しやすい制度であり、指名委員会等設置会社を採用する上場企業の割合は最も小さい。

　いずれの制度を採用するのかは、上場段階で検討するべきであることであるが、上場を目指すスタートアップ企業としては知っておいた方がよい。

第3節　日常的に生じる法務手続きの基本

1　日常的な法務の重要性

　多くの場合、少数の人員で営業・開発・人事等を行わなければならないスタートアップ企業においては、法務事項に割くことができるリソースは大きくない。会社の成長を見据えれば、会社の価値を高める営業・開発等にリソースを回し、法務の優先順位は低くなるのも無理からぬことといえる。

　ただし、必要最低限の法務は適切に行われていなければならない。日常的な法務事項を怠ると、ファイナンスやバイアウト、IPO審査において支障となる場合があるからである。

　企業活動においては、どのような手続きが必要であるのかを理解した上で効率的に法務を行う必要がある。例えば、ファイナンスを行う、会社の商号や住所を変える、役員を選任するなどの場面では、株主総会の開催や登記手続きが必要になるが、このような手続きに多大な時間をとられてしまっては、真に時間・労力を割くべき事項に十分な時間や労力を割くことができなくなってしまう。

　また、企業として事業活動を行う以上、他の企業との取引において紛争が生じる場合もある。基本的には、このような紛争が生じないように予防しつつ事業活動を行うことが望ましいが、自社が予防していたとしても、どうしても避けられないケースもあろう。このような紛争は時間的・金銭的のみならず、精神的にも負担となるものであり、事業に悪影響を与えかねない。冷静な対処を行うためにも、法的な解決手順を知識として事前に知っていることが重要といえる。

2　株主総会・取締役会（取締役による決定）手続き

（1）株主総会

▶株主総会とは

　株主総会は、株式会社における基本的な機関である。未上場会社の場合、株式・新株予約権の募集事項の決定又はその取締役（取締役会）への委任、取締役の選解任、監査役の選解任、役員の報酬決定、計算書類の承認、定款の変更、事業の譲渡や譲受け、取締役などの善意無重過失時の責任軽減などが決議事項となり、会社にとって重要な事項は株主総会で決議することとなっている。加えて、取締役会非設置会社の場合は、いかなる事項も決議することができる万能の機関である。

　株主総会の開催のタイミングとしては、2種類ある。上記のような決議事項に関する決定を行うタイミングで開催するのが臨時株主総会である。また、毎年、事業年度の終了後一定期間内に開催するのが定時株主総会である。定時株主総会については、計算書類の承認と事業報告の内容の報告が行われる[9]。

▶株主総会の開催手続きの原則論

　上記のとおり、企業の意思決定には株主総会が付きまとうことになる。このため、株主総会の開催手続きについては、効率的に進めることが望ましい。以下では、スタートアップ企業（非公開会社）を前提に、株主総会の開催手続きの原則論とそれを簡略して進める方法を説明する。特に、スタートアップ企業の場合は、株主数が少ない場合もあり、かつ、迅速に株主総会による決議を行う必要がある場合もあり、簡略化の方法は知っておくと役立つ。

　原則として、株主総会を開催するときには、以下のような手続きを踏

---

[9]　役員の任期は、通例、「選任後○年以内に終了する事業年度のうち最終のものに関する定時株主総会の終結時まで」などと定められることから、役員の改選時期に当たる場合には、この選任手続きもあわせて行われる。

む必要がある。

① 株主総会招集の決定

　　取締役又は取締役会によって、株主総会を招集することを決定する。

② 株主に招集通知の発出

　　総会を開催する日の1週間前までに株主に対して法定事項（開催の日時・場所、議題、書面投票・電子投票を認めるときはその旨等[*10]）を記載した招集通知を発出する。なお、取締役会非設置会社の場合、定款に定めることにより、招集通知を発するべき期間を短縮することが可能である。

　　取締役会設置会社の場合、招集通知は書面で発する必要がある（会社法299条2項2号）。一方で、取締役会非設置会社の場合は、書面又は電磁的方法による議決権行使を認める場合を除き、書面で行う必要はない[*11]。

③ 株主総会の決議

　　株主総会を開催し、議決権を有する株式の株主又はその代理人が決議を行う。スタートアップの場合、株主の全員が一堂に会して株主総会を実際に開催するということは多くない。ベンチャーキャピタル等の外部投資家が株主総会に参加せずに、委任状によって議決権の行使がされることも多い。

④ 議事録の作成

　　通常、議長となる代表取締役が議事録を作成する。

[*10]　会社法298条1項、会社法施行規則第63条。
[*11]　ただし、決議事項に利害関係がある株主がいるなど、将来に紛争が生じるおそれがあるような場合には、紛争予防のために書面で行うことをお勧めする。

▶株主総会の開催手続きの簡略化の方法（招集手続きの省略）

　議決権を行使することができる全株主の同意を得ることにより、招集手続きを省略することができる（会社法300条）。株主総会の1週間前に発出が間に合わない場合には、このような手続きをとることになる。この方法を用いる場合、手続きは以下のとおりである。

①　株主総会招集の決定

②　株主から招集手続きを省略する旨の同意の取得

③　株主総会の決議

④　議事録の作成

　さらに、会社法上の明文の規定はないが、解釈上、株主（その代理人を含む。）全員が株主総会の開催に同意して出席している場合、招集手続きがなくてもよいとされる（最高裁昭和60年12月20日判決）。この方法を用いる場合、手続きは以下のとおりである。

①　株主総会招集の決定

②　株主総会に全株主（代理人を含む。）の出席

③　株主総会の決議

④　議事録の作成

▶株主総会の開催手続きの簡略化の方法（書面決議）

　書面決議とは、株主総会を開催することなく、書面で決議を行うことができる制度である（会社法319条1項）。取締役が株主総会で決議すべき事項を提案して、株主の全員が書面・電磁的記録により同意した場合には、株主総会で決議があったものとみなし、株主総会を行わなくてもよい。株主数が限定されるスタートアップ企業の場合、株主総会を開催するまでもなく、株主の同意を得られることがあるため、この制度を用いて、招集通知を発出したり、集まったりする手間を省くことができ、効率的である。ただし、議事録の作成は必要になるため、忘れないようにする必要がある。

これを用いる場合、手続きは以下のとおりである。

① 取締役会又は取締役による株主総会決議事項の決定

② 株主全員から書面又は電磁的記録により決議事項に対する同意の取得

③ 議事録の作成

▶報告事項の省略

上記のような決議の省略のみならず、取締役による株主総会に対する報告（定時株主総会における事業報告の内容を報告）も省略できる。取締役が株主に対し株主総会で報告すべき事項を通知し、かつ全株主が株主総会において当該報告事項を報告しなくてもよいという承諾をした場合には、株主総会を開催して報告する必要がない（会社法320条）。

（2）　取締役会（取締役による決定）手続き

▶取締役会非設置会社の手続き

取締役会非設置会社では、取締役が2人以上ある場合には、株式会社の業務は、取締役の過半数をもって決定する。この決定に関して、手続き的な規制は特にない。ただし、登記手続きで取締役の決定があったことを証する文書が必要な場合や、重要な事項を決定し、決定がされた旨を書面化しておく必要がある場合などには取締役決定書を作成することになる。

▶取締役会開催手続き

原則として、取締役会の開催手続きは、以下のとおりである。

① 招集通知の発出

取締役会の日の1週間（これより短い期間を定款で定めた場合はその期間*12）前までに、各取締役及び各監査役に招集通知を発出する（会社法368条1項）。形式については、株主総会と異なり、書面で行

う義務は定められていないうえ、内容についても、特に規制はない。

② 決議

　議決に加わることができる取締役の過半数が出席し、その過半数をもって取締役会決議を行い、報告事項を報告する（会社法369条1項）。

③ 議事録の作成

　出席取締役及び出席監査役全員が署名又は記名・押印をしなければならない（会社法369条3項）。

▶取締役会手続きの簡略化（招集手続きの省略）

　取締役・監査役の全員が同意すれば、招集手続きを省略することができる（会社法368条2項）。また、取締役・監査役の全員が出席していれば、招集手続きなく取締役会を開催できると解釈されている。

▶取締役会手続きの簡略化（決議の省略）

　定款の定めが必要になるものの、取締役会決議の省略をすることも可能である。すなわち、取締役が取締役会の決議の目的である事項について提案をした場合において、その提案につき議決権がある取締役の全員が書面又は電磁的記録により同意し、監査役が当該提案について異議を述べないときは、その提案について決議があったものとみなされる（会社法370条）。もっとも、このような決議が可能であることについて定款に定めがなければならない点は注意を要する。また、この制度により決議が省略された場合であっても、議事録は作成しなければならない。

▶取締役会手続きの簡略化（報告の省略）

　取締役が取締役・監査役全員に対して取締役会に報告すべき事項を通知したときは、取締役による報告を省略することができる（会社法372

＊12　スタートアップ企業の場合、機動的な意思決定のために、期間を短縮しておくことが多い。

条）。ただし、取締役は、３か月に１回、自己の職務の執行の状況を取締役会に報告しなければならないこととされており、この報告義務は、報告の省略制度によっても省略できない点には注意が必要である。

3　新株の発行手続き

　前述のとおり、企業活動において内部的な手続きが必要である事項は様々あるが、そのうち特に新株の発行手続きについて解説したい。スタートアップ企業にとってエクイティファイナンスの活用は必須であるが、これに際する新株発行手続きは、慣れないと手間がかかるものである。もちろん、弁護士や司法書士等の専門家に依頼すればその指導のもとで進めることができるが、大まかな流れを理解しておかなければ、効率的な準備は困難であろう。

　手続きを適切に進めないとやり直しが必要になってしまう場合もあり、特に、ベンチャーキャピタル等の外部投資家から資金調達を受けている場合には、そのようなやり直しも容易ではないこともあるため、流れを理解したうえで、適切・効率的に進める必要性が大きい。

　以下では、基本的な流れを整理するために本書で対象とする非公開会社における普通株式の発行を前提として解説する。具体的な発行の内容や会社の状態により手続きに違いが生じる場合があるため、原則的な流れを説明するに過ぎない点にご留意いただきたい。

▶新株発行手続きの総論

　新株を発行すると資本金が増加する。資本金の額は登記事項であるため、登記が必要である*13。そのため、新株の発行手続きは、会社法に求められた手続きを履践しつつ、登記を完了することが目標となる。

　新株発行の際には、投資家との間で投資に関する条件を合意し、必要

---

*13　また、発行する株式が種類株式である場合には、その内容の登記も必要になる。

に応じて、投資契約書を締結する。このような合意が成立すれば、投資家に新株を引き受けてもらうべく、新株発行手続きを進めることとなる。このように、スタートアップ企業が新株発行手続きを進める段階では、新株の引受人が決まっていることが通常である。

　新株発行手続きには、2種類ある。1つには、投資家による申込＋会社による割当による方法、もう1つは、投資家と会社間の総数引受契約による方法である。基本的な流れが大きく異なることはないが、手続きに多少の相違がある。以下、それぞれ説明する。

▶新株発行手続き（申込＋割当方式）

　まずは、会社法上の原則的な方法である、前者の方法について説明する。この方法による場合、新株の発行手続きの流れは以下のとおりとなる。

① 　株主総会の招集の決定

　　取締役又は取締役会が②の株主総会を招集する旨の決定を行う。

② 　株主総会による募集事項の決定（199条1項）

　　株主総会において、下記の事項を定める。なお、金銭以外の財産（例えば、会社に対する債権等）を払い込むことも可能であるが、手続きの詳細は本書では省略する。

　　・募集株式の数

　　・募集株式の払込金額（1株当たりの払込金額）又はその算定方法

　　・払込期日又は期間

　　・増加する資本金及び資本準備金に関する事項

　　また、上記の事項を定めずに、募集事項の決定を取締役（取締役会設置会社においては取締役会）に委任することも可能である（200条）。この場合、株主総会では、以下を決議し、この委任に基づいて、上記募集事項に関する取締役の決定（取締役会決議）が必要になる。

　　・取締役（取締役会）に募集事項の決定を委任する旨

　　・取締役（取締役会）が決定することができる募集株式の数の上限

　　・取締役（取締役会）が決定することができる払込金額の下限

③　会社から投資家に対する申込みに関する通知（203条1項）

　　募集事項が決定すると、会社は、投資家に対し、募集事項等を通知しなければならない。

④　投資家から会社に対する申込書の交付（203条2項）

　　投資家が、③の通知を踏まえて新株を引き受ける場合、投資家から会社に申込書（投資家の名称・住所、引き受ける株式数を記載する）が交付されなければならない。

⑤　会社から投資家に対する割当の決定（204条1項）

　　会社は、④の申込みを踏まえて、割当先及び割当株式数を決定する。ただし、既に割当先・割当株式数が決定しているはずであるから、②の募集事項の決定に加えて、あえて⑤の手続きを行うのは煩雑である。そこで、②募集事項の決議の際に、「特定の引受人から申込みがされることを条件として同引受人に割り当てる旨」を決議しておけば、⑤の手続きは別途行う必要はない。このような手続きにして、⑤を省略することが通常である。

⑥　会社から投資家に対する割当通知（204条3項）

　　会社は、上記手続き後、投資家に対して割当株式数を通知しなければならない。

　　以下の⑦以降の手続きは、上記①から⑥の手続きが完了した日の翌日以降に行わなければならない（同日に行うことはできない）。

----

⑦　払込み

　　⑥の手続きまで完了した後、ようやく払込みとなる。

⑧　登記

　　払込手続き後、登記手続きが可能となる。

▶新株発行手続き（総数引受契約方式）

　上記のような申込＋割当方式に代えて、総数引受契約による方法もある。総数引受契約による方法は、あらかじめ引受人が決定している場合に有用な方法であり、特定の投資家が募集株式の総数を引き受ける旨を、会社と投資家間で契約して行う手続きである。総数引受契約があれば、申込＋割当方式における③募集事項の通知、④投資家からの申込、⑤割当決定、⑥割当通知を省略することができる。

　なお、総数を引き受けるのは複数の投資家でも問題ない。この場合、各投資家との間で別々の総数引受契約書を作成する方法でもよい。

　総数引受契約方式の場合、以下のような流れになる。

① 　株主総会の招集の決定

　　申込＋割当方式と同じである。

② 　株主総会による募集事項の決定（199条１項）

　　申込＋割当方式と同じである。

③ 　株主総会（取締役会）による、総数引受契約の承認

　　総数引受契約の方法をとる場合、総数引受契約書の内容について、株主総会（取締役会設置会社の場合、取締役会）の承認を得なければならない。株主総会で承認する場合は、②の手続きと同時に行うことになる。

④ 　総数引受契約の締結（205条１項）

　　会社と投資家との間で総数引受契約の締結をする。

⑤ 　払込み

　　申込＋割当方式と同じである。

⑥ 　登記

　　申込＋割当方式と同じである。

　以上のとおり、若干スリムな手続きになる。また、申込＋割当方式が手続き完了まで最短で２日を要するのに対し、総数引受契約方式であれば、１日で手続きが完了する。

　上記のメリットがあるため、基本的には、総数引受契約の方法がお勧めである。

4　紛争処理

　事業活動を行う以上、取引先やユーザーなどとの間でトラブルが生じることは避けられない。弁護士等を代理人として交渉すれば負担は軽減されるが、弁護士費用がコスト的に合理的ではない場合もあり得る。このため、自社内で処理をする必要がある場合も多い。そこで、債権の回収を例に、基本的な紛争処理の流れや裁判手続きについて、自社で処理することを前提に説明する。

（1）紛争処理の流れ

① 　トラブルの発生・把握

　トラブルの発生は、自社と相手方との事実の認識や、法律・契約の解釈の認識に相違がある場合に現れる。トラブルが発生したことを把握した場合、自社内において、何が原因でトラブルが生じているのか（どのような認識の相違がトラブルを生じさせているのか）を把握し、理解しなければならない。

② 　自社の言い分の検討

　このような認識の相違が確認できた場合、自社の言い分が法律・契約によって根拠づけられるのかを検討しなければならない。法律・契約による根拠のない言い分は、最終的には認められない可能性が高いからである。

③ 　交渉

　このような検討を踏まえ、自社の言い分に根拠があることが確認された場合、相手方との間で交渉を進めることになる。交渉の方法（面談・メール・電話・文書等）は、事案により様々であり、特に定型的

なものはない。また、相手方の性質（交渉の余地がないケース等）に
よっては、このような交渉を踏まえずに、直ちに次のステップをとる
場合も少なくない。

④　文書による通知

　　文書による通知は、通知の内容を書面として記録することに主眼が
ある。そのため、これは裁判手続きを見据えたものである。通知する
文書の内容に応じて、送付した文書の内容を記録する内容証明郵便
や、配達されたことの証明を付す配達証明、郵便局での引受けを記録
して配達状況を確認できる特定記録などで送付するとよい。なお、文
書による通知を行うことは必須ではなく、必要がない場合には、直ち
に裁判手続きをとるケースもあり得る。

⑤　交渉の決裂（裁判所を利用した手続きへの移行）

　　上記の手続きを踏まえてなお解決の見込みがない場合や、そもそも
上記の手続きをとる必要性がない場合（交渉の余地がない場合など）
では、やむを得ず、裁判所を利用した手続きをとることになる。

（2）裁判所等の第三者を利用した手続き

　上記の交渉を踏まえて解決できない場合には、裁判所等の第三者を間
に入れて解決を目指すことになる。裁判所を利用した手続きには、支払
い督促、少額訴訟、通常訴訟などがあり、メリット・デメリットを踏ま
えて選択することになる。裁判所を活用した手続きをとれば、判決や決
定等で終局的な判断が示されることになり、これに基づいて強制執行手
続きをとることができるため、最終的には紛争に決着がつくことにな
る。

　また、このような裁判所を利用した手続きの他にも、各種ADR（裁
判外紛争解決手続）等[14]もあるため、検討するとよい。ADRとは、第
三者を間に入れて、相手方との間で話し合いを行って解決を図る手続き

*14　様々な団体による手続きがあるが、例えば、東京弁護士会の紛争解決センター等がある。

である。ADRでは、第三者から一定の解決案が提示されることも期待できるため、話し合いが進展する場合がある。ただし、話し合いがまとまらない場合や、相手方がそもそも出席してこない場合もあり得るため、話し合いによる解決の見込みが小さいケースでは時間がかかるだけである。

　以下では、裁判手続きについて説明する。

▶支払督促

　支払督促は、裁判所に行くことも証拠を提出することもなく、書面審査によって、裁判所から相手方に支払命令が発せられる手続きである。支払督促手続きは、金銭の支払又は有価証券若しくは代替物の引渡しを求める手続きにしか利用することができない点で、活用の幅は限定されるが、裁判所に行くことも証拠を提出することもなく、形式的な書面審査によって、裁判所から相手方に支払命令が発せられる手続きである。

　非常にスピーディかつ簡易な方法という点で有用である一方、支払督促手続きには、以下のようなデメリットがある。

　まず、支払督促手続きには、こちらから証拠を提出する必要がない反面、相手方も証拠を提出せずに異議を申し立てることができるため、争いがある申立ての場合、相手方は、ほぼ間違いなく異議を申し立てる。異議が申し立てられると通常訴訟に移行するため、はじめから訴訟提起をした場合よりも費用と時間がかかることになる。さらに、異議が申し立てられて行われる訴訟は、相手方の住所地の管轄になるため、相手方が遠方に居住する場合、こちらから裁判所に赴かなければならないこととなる。

　以上から、争いがない債権であって、異議が申し立てられても特に時間的・裁判管轄的な問題がない事案の場合に有用となる。

▶少額訴訟

　少額訴訟は、訴訟手続きではあるものの、60万円以下という少額の債権を請求する場合にすることができるものである。原則として1回の期日により解決がされるため、迅速な解決をすることが期待できる。

　ただし、1回の期日で解決が図られるために、複雑になるおそれがある事案には適さない。また、相手方が希望する場合や、裁判所が少額訴訟で審理することが相当でないと認めた場合などには、通常訴訟に移行することになるため、反対に時間を費やすことにもなりかねない。

　また、少額訴訟の判決がされても、異議が申し立てられると、結局、通常訴訟を行うことになる。この点でも時間的メリットが相当に減殺される。

　以上から、主張・証拠関係から勝訴することが強く見込まれる事案の場合に有用といえる。

▶通常訴訟

　通常訴訟は、一般的にイメージされる訴訟手続きである。誤解がある点であるが、訴訟手続きは、弁護士に依頼せずとも行うことができる。

　おおむね1か月に1回程度の間隔で裁判期日が指定される。裁判手続きでは、主張書面・証拠書類等の提出や、証人尋問手続き等が行われる。このような手続きを踏まえて、判決や和解に至ることになる。解決までの期間は事案により千差万別であるが、通常数か月以上はかかる[*15]。

　訴訟は、裁判所が双方の主張及び証拠を踏まえて判決を言い渡すまでの手続きである。この過程で、和解が協議され、和解で解決することも多い。

　あくまでも当事者の言い分に理由があるのかを判断していく手続きであるので、書面及び証拠を適切に整理することが必要となる。

---

*15　民事事件の一審の平均審理期間は約8.6か月である。

COLUMN

スタートアップ法務を支える専門家

　法務に携わる専門家としては、弁護士、司法書士、弁理士、社会保険労務士、行政書士等が挙げられる。このように様々な専門家がいるため、どの士業に何を相談してよいのかが分からないという悩みを聞くことも多い。簡単に、専門家の違いを説明したい。

　弁護士は、法務に関して業務の制限なく取り扱うことができる。スタートアップ法務との関わりでいえば、本書で取り扱うような法務事項に関するコンサルティングや、契約書の審査、規程類の作成、交渉の代理、裁判手続きなどを取り扱う。ただし、弁護士の中でも様々な業務があり、弁護士だからといってスタートアップ法務に精通しているとは限らないため、スタートアップ法務を数多く取り扱っている弁護士を選ぶべきといえる。

　次に、司法書士は、登記に関する手続きを専門に取り扱う。スタートアップ企業は、新株の発行、本店移転、役員の選解任等の登記手続きが多数必要になるが、これを自社で行わずに、司法書士に依頼することがある。ただし、弁護士と同様に、司法書士の中にも専門性がある。特に、スタートアップ企業の場合、ストックオプション、優先株、コンバーティブルエクイティ等、一般的な中小企業とは異なる登記手続きが必要になるケースもあり、このような手続きを依頼する場合には、このような案件を数多く取り扱っている司法書士を選ぶとよい。

　弁理士は、特許権・商標権等の知的財産権に関するコンサルティングや、登録申請等の業務を取り扱う。スタートアップ企業は、特許・商標等の知的財産権の申請・更新を行うケースがあるため、このような手続きを自社で行わない場合には、弁理士に依頼することが多い。

　社会保険労務士は、従業員の労務関係を専門に取り扱う。従業員を採用した場合などには、その労働保険、雇用保険、社会保険の手続きや、従業員の給与の計算、就業規則の作成等が必要になる。このような労務関係に関する手続きを相談・依頼できる。

　行政書士は、官公署に提出する許認可等の申請書類の作成・提出等を取

り扱う。スタートアップ法務との関わりでいえば、例えば、新規サービス
が○○業の許認可等を要することが判明した場合、その申請手続きを自社
で行わないときは、その手続きを数多く取り扱う行政書士に依頼すること
があり得る。

第 4 節　共同創業者と創業者株主間契約

1　共同創業者との株式配分をどうすべきか

（1）共同創業者との起業の高まり

　スタートアップ企業の創業方法として共同創業者とともに会社を設立するケースも目立っている。著名ベンチャーキャピタルのY Combinator創業者ポール・グレアム氏が基本的には共同創業を推奨しているほか、AppleやGoogleといった名立たる企業が共同創業でスタートしている。

　ポール・グレアム氏によれば、スタートアップ企業の成功の秘訣は、共同創業者間の働きにあり、一人の創業は厳しくてうまくいかないケースが多いと指摘している。そして、共同創業者の見つけ方としては、能力ではなく、性格と熱意によって選定すべきとの助言をしている。

（2）共同創業者との株式配分をどう設計すべきか

　共同創業者との間で、どの程度の株式数を各人が保有し、創業間もない段階でエンジェル投資家からの投資をどう株式数に割り当てるかについては重要な意思決定となる。この資本政策は、基本的には取り返しがつかない意思決定となる。シード段階で取り返しのつかない持株比率となった結果、リスクをとった創業者がリスクに見合うキャピタルゲインを受けられない事例も伝わる。

　持株比率・資本政策の問題は、考え方の基礎を理解した上で資本政策を考えるべきである。考え方を紹介していく。

2　株主間契約の重要性

（1）株主間契約書とは

　株主間契約書とは、その名のとおり、株主の間で締結する契約書であ

り、共同創業者間、投資家との間でも締結される契約書である。共同創業者間で締結する株主間契約書と、エンジェル段階の投資家・レイター段階での投資家との間で締結する株主間契約書とでは、その役割が異なる。

　投資家との間で交わされる株主間契約については、ベンチャーキャピタルが株主間契約書（投資契約書と一体となっている場合も多い）の雛形を用意し、契約書を締結していることが多い。

　他方、共同創業者間については、一緒に起業するという関係が既にあることから、契約を締結していない事例も多い。しかし、自社の安定的な企業運営を確実にするためにも、適切な内容の株主間契約を必ず締結するよう、強く推奨する。

（2）共同創業者との間で締結する契約書

　共同創業者との間で締結する契約書の内容を説明するが、ここでは契約書の細かい文言ではなく、何のために締結する必要があるのか、目的を理解して欲しい。

　創業者株主間契約の最たる目的は、会社の株式を保有している共同創業者が会社を退職する場合の処理である。つまり、退職した共同創業者に株式を保有させたままにするのではなく、会社に残る共同創業者にその株式を移転させるためのものである。

　退職した共同創業者に株式を保有させ続けると、会社の経営に重大な支障が生じることがある。持株比率にもよるが、会社の重要決議事項の拒否権を握るような株式比率を有する者が退職すると、退職者に拒否権が残ってしまう。このような場合、会社のタイムリーな経営判断が困難になるおそれがあり、避けねばならない。

　また、共同で創業した者が会社を退職するような場合、一般的には方針が合わなくなった等、ネガティブな理由で会社から去ることが多い。会社の株式は企業価値が向上するインセンティブを有する人物が保有す

図2-6 リバース・ベスティング

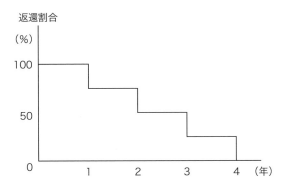

るころが理にかなう。創業当初に退職した従業員が、その後の経営陣の経営努力にフリーライドすることにもなり、会社に残った役員・従業員のモチベーションは下がる。

　上記価値判断より、共同創業者との間では退職時[16]に株式を譲渡してもらうよう定めることとなる。この際、譲渡価額[17]と、誰が買い取るのか[18]という設計で考慮を要する。なお、前述のように設立初期段階に経営に寄与した功労者的側面もあるため、譲渡に際して在籍年数に応じて買い取る株式の比率が下がっていくリバース・ベスティング条項という設計も可能である。

▶リバース・ベスティング条項

　リバース・ベスティング条項（Reverse Vesting）とは、在籍年数期間に応じて、役員、従業員が退職した際に会社等に保有株式を買い取ら

---

*16　契約書上では「会社の役員及び従業員のいずれの地位をも喪失した場合」と定める場合が多い。
*17　設計の方法は様々あり得るが、例えば、「取得時」と「譲渡時」のいずれにするのかなどが考えられる。取得時の価額で買い取ることになると、譲渡時点では既に会社の株式価値は上昇している場合があるので、ここで税務上の論点が生じる点には注意が必要となる。
*18　創業者のみが買い取れる条項にしておくと、買い取る際に手元資金がない可能性があるため、「創業者又は創業者が指定する者」といった手当てをすることになる。

れる率が減少していく仕組みのことをいう。

　退職時に保有している株式を、代表者又は会社側で買い取ることの必要性は、その後の経営陣の経営努力にフリーライドを許すべきかの価値判断による。他方、創業時から人生の一部を企業に捧げた結果、退陣する場合においても、退職者が企業に与えた価値は大きく、キャピタルゲインを全く享受できないことは企業への功績から考えると不釣り合いであるとも考えられる。一定の功績のあった役員、従業員には、仮に退いた場合であってもキャピタルゲインを享受できると設計しても一律に不合理とはいえない。

　上記視点から、リバース・ベスティング条項を用いることが検討される。期間と減少割合の設計は自由であり、年間25％ずつ減少していくようなモデルをよく見る。初年度で退任した場合、全ての株式が買い取られ、2年目に退任した場合には75％、3年目は50％と徐々に買い取られる株式数が減少していく設計である。設計はあくまで参考例であり、株式付与数やビジネスモデルによっても設計は変化する。マネタイズまでに数年かかるビジネスモデルであれば、初めの3年間在籍していただけではキャピタルゲインを享受させるべきではないとの判断もあり得る。

　リバース・ベスティング条項を設けるデメリットとしては、リバース・ベスティング期間が経過した場合には、役員が退任する理由の一要素になるため、逆に長期間コミットのインセンティブを減少させてしまうともいわれる。

▶競業禁止条項

　経営株主との株主間契約では、競業禁止条項を付ける場合もある。株主たる経営者としては、退職せずに役員として残りながらも、ほかに会社を複数社兼任し、実際に会社の成長に専念しない経営者も考えられる。諸外国のスタートアップ企業をみると、経営者が複数の会社を同時に経営することは少なくない。株主として会社の成長と一体の関係とし

て参与する以上、会社と競業する企業の役員や従業員として兼任する場合、事前に代表取締役の許可を得なければならないと設計することも合理的である。

　競業禁止も事前に承諾することにより許諾することも可能なため、硬直に運用する必要は必ずしもない。兼業のみでなく、競業する企業への投資も禁止する設計を行う場合もあり、経営株主と相談の上設計する必要がある。

第 5 節　資本政策の重要性

1　資本政策とは

　資本政策を検討する前提として、株主が株式を保有することにより、どのようなメリットを受けることができるのかを理解しておく必要がある。

　創業者等の経営株主は、多数の株式を保有することにより、株式会社を支配して実現したい事業を行うことができる。また、株式会社を上場又は売却することにより、リスクに見合ったキャピタルゲインを得る経済的利益を獲得することができる。

　エンジェル投資家やベンチャーキャピタル等の外部投資家は株式を保有することにより、スタートアップ企業が上場等をした場合のキャピタルゲインを得ることができる。外部投資家も一定の株式を保有することにより、会社の経営判断に対して一定の影響力を持つことができるが、支配権を握りたいというよりは経営株主の監督的な役割を担うことを求める。

　各株主には株式保有のメリットがあり、より多くの株式を保有するインセンティブが働き、利害関係が発生する。経営株主として、各株主間の利害を調整し、いつ、誰に、いくらで、どのような方法で株式を保有してもらうのかを検討する必要がある。これを資本政策といい、スタートアップ企業の経営においては極めて重要な構成要素となる。

2　資本政策の重要性とその考え方

（1）議決権

　株式の権利には、配当を受ける権利や会社の解散時に残余財産の分配を受ける権利などがある。もっとも、各権利の中でも、スタートアップ企業においては、会社の経営に参加できる議決権が重要となる。会社法

においては、以下のような権利が与えられている。

---

① 　3分の2超の議決権保有…… 重要な意思決定ができる権利（定款変更、合併、事業譲渡 etc.）

② 　2分の1超の議決権保有…… 通常の意思決定ができる権利（役員の選解任 etc.）

③ 　3分の1超の議決権保有…… 重要な意思決定への拒否権

　株式を保有していることにより上記意思決定をすることが可能となる。

　近時の有名事案でも、大塚家具によるプロキシーファイト（委任状争奪戦）では上記②の役員の選任を巡る争いとなった。同事案では、会社側の安定株主の議決数が単独では過半数の議決権に達しておらず、その他の株主の議決権を集める必要性が生じた[19]。同事案からもわかるとおり、議決権の保有割合によっては、他の株主の賛同を得られなければ、たとえ創業者であっても議案が否決される可能性、役員から解任される可能性もある。理論上は、例えば3人の共同創業者間で、等しく株式を分散させているような場合には、2人の創業者で結託すれば、いつでも他の役員を追い出すことができることになる[20]。

　スタートアップ企業ではこのような役員退任劇のみならず、企業買収の可能性にも考慮する必要がある。著名事例として、ITバブルが崩壊した2001年に株式会社サイバーエージェントに対する買収劇が有名である。同社のマザーズ市場への株式上場後、同社長の藤田晋氏の持株比率が薄まっている最中、同氏の上場後に行使できるワラントの行使時期ま

＊19　同事案の決着は、2015年3月27日に開催された株式会社大塚家具の株主総会によって、娘である大塚久美子氏側の取締役選任案が可決された。親子間の問題が報道されたが、議決権数を巡る委任状の争奪戦という法的観点からみて興味深い事案といえる。

＊20　役員の追い出し劇として、米Twitter社の事例が有名である。この模様が詳しく記載されている著として、ビズ・ストーン著『ツイッターで学んだいちばん大切なこと―共同創業者の「つぶやき」』（早川書房、2014年）がある。

で期間がある条件であったことも起因して、同社が買収される可能性があった[21]。

　もっとも、資本政策を考える上で、支配権の維持のみを過度に気にしない方がよいのとの考え方もある。この点は後述する。

（2）会社を支配するための議決権数

　議決権による権利は次頁の図2－7を参考にされたい。特に、3分の2以上の議決権数、過半数の議決権数で何が議決されるのかに注目してほしい。反対に言えば、3分の1以上又は過半数の議決権数を外部株主が保有した場合には、創業者が単独でそれらの事項を決議できなくなることを意味する。このリスクは十分に知っておくべきである。

（3）会社の支配権にこだわらない考え方

　資本政策を考える上で株式が希薄化することによって創業者単独で会社の意思決定を行えなくなることを見たが、単独で議決権を保有していなくとも、経営者の意見に基本的には賛同する株主（「安定株主」と呼ぶ場合もある）の議決権数をあわせて考えることもできる。

　そのため、会社の支配権を維持することについてそこまでこだわる必要性はないとの考え方もみられる。重要決議を創業者単独で維持することにこだわった結果、柔軟な資金調達を行えなくなり、企業の成長速度が遅くなる状況を考えれば、創業者単独での支配権維持に頑なにこだわることもない。

　そもそも単独で支配権を維持したいとの考え方は、自らが代表取締役として経営を継続し推進していきたい考え方にある。日本におけるスタートアップ企業では、創業者が継続して代表取締役として経営を行って

---

[21]　詳しくは、同社代表取締役である藤田晋氏の『渋谷ではたらく社長の告白』（アメーバブックス、2005年）に記載。登場人物として、GMOインターネット代表取締役の熊谷正寿氏、いわゆる「村上ファンド」と呼ばれていた村上世彰氏、楽天の三木谷浩史氏などが登場し、非常に読み応えがある。

図2-7　議決権数　※取締役会設置会社を前提

決議名	定足数	議決権数	決議事項
特殊決議	なし	3分の2又は総株主の4分の3	・公開会社から非公開会社への定款変更 ・人的属性に基づき株主の権利を取り扱う定款変更（株主によって権利を分けるような定款変更）
特別決議	過半数	3分の2	・譲渡制限株式の買取り ・特定の株主からの自己株式の取得 ・全部取得条項付種類株式の取得 ・譲渡制限株主の相続人に対する売渡請求 ・株式の併合 ・株式・新株予約権の発行における、募集事項の決定及び募集事項の決定の委任 ・株式・新株予約権の割当を受ける権利を与える場合における決定事項の決定 ・役員責任の一部免除 ・資本金の額の減少 ・現物配当 ・定款変更 ・事業譲渡の承認 ・解散 ・合併契約、分割契約又は株式交換契約の承認
普通決議	過半数	2分の1	・自己株式の取得 ・株主総会における検査役の選任 ・株主総会における延期又は続行の決議 ・株主総会議長の選任 ・株主総会の議事運営に関する事項の決定 ・役員の選任・解任 ・会社と取締役との間の訴えにおける会社の代表者の選定 ・計算書類の承認 ・剰余金の処分 ・減少額が分配可能額より少ない場合における資本金の額の減少 ・資本準備金の額の減少 ・資本金の額の増加 ・準備金の額の増加

いくことが多い。この点、シリコンバレーでは、創業者はプロダクトに専念し、経営面では経験豊富な経営者に任せるといったことも珍しくない。有名な事例でいえば、Googleではエリック・シュミット氏が長年このような役割を担ってきた。基本的にはベンチャーキャピタルが連れて

きたプロフェッショナル経営者がCEO職としての役割に任命すること
となる。このような背景には、シリコンバレーには創業者以上に会社を
効果的に経営できる経営者が豊富に存在することにある。そのまま日本
に同様の考え方を導入したとしても、創業者以上に経営を推進できる者
がすぐに見つかるとは限らない。

　ただし、シリコンバレーでは、議決権を有しなかった結果、創業経営
者の追い出し劇も少なくない。有名なショーン・パーカー氏（Sean
Parker）の事例を紹介する。

　ショーン・パーカー氏は、P2P技術[22]を用いた音楽ファイル共有サー
ビスである「ナップスター（Napster）」を創業した後、「Facebook」の
初代CEOとなったシリコンバレー界のスーパースター起業家である[23]。
同氏がスタンフォード大学の学生2名と創業した会社「Plaxo」は、セ
コイア・キャピタル（Sequoia Capital）という超大手のスタートアップ
キャピタルから投資を受けていた。しかしながら、その後同キャピタル
と経営方針の確執から、創業者であるショーン・パーカー氏自身が会社
から追放されてしまう事態が生じた。

　このような追放劇は、取締役の選解任に必要な株主総会の支配権を創
業者が維持していれば生じない。創業者や、創業者と考えを共にする共
同経営者のみで支配権を有し、安定的に企業運営を図ることにより、会社
の高い成長性が永続的に担保できる可能性もある。この点、創業した経営
者自身が会社の長期的な発展のためにどのような資本政策をとるのか、創
業者の在り方が問われる。コラムでは、創業者自身が会社経営を行い続け
るメリットについて説いたベン・ホロウィッツ氏の考えを紹介する。

---

[22]　ネットワーク上で対等な関係にある端末間を相互に直接接続し、データを送受信する通信方式の
　　　ことをいう。サーバ機とクライアント機のような上下関係が存在しないことが特徴的である。
[23]　詳しくは、デヴィット・フィンチャー監督「The Social Network」をご覧いただきたい。ジ
　　　ャスティン・ティンバーレイク演じるショーン・パーカーは見所があり、起業家のエッセンス
　　　を表現できている。

COLUMN

創業者が経営者を続けるメリット

　ベン・ホロウィッツ氏は、シリコンバレー拠点のスタートアップキャピタルである「アンドリーセン・ホロウィッツ」の共同創業者であり、投資先に「Airbnb」「Facebook」「Twitter」「GitHub」がある。伝説的なキャピタリストである。

　同氏によれば、従来、スケールした企業はベンチャーキャピタルにより創業者を排除し、プロフェッショナル経営者に交代させようとしがちであったが、現代ではこの考えは誤りだと主張する[24]。現代的経営者の資質として、従来ながらの会社経営力より、イノベーションを生み出す想像力が問われることを挙げる。プロフェッショナル経営者は、創業者が生み出すようなイノベーションを起こすことができないと指摘する。

　実際にAppleは、一度追放されたスティーブ・ジョブズ氏が復帰した後、イノベーティブな製品である「iPod」、「iPhone」、「iPad」を世に送り出した。最近でも、Facebook創業者のマーク・ザッカーバーグ氏などが、大企業になった後も創業者がイノベーティブなサービスを提供し続ける事例がある。業種・業態を問わず、イノベーティブな製品・サービスを提供し続けなければ企業価値の維持が困難な時代であり、創業者が安定的に企業統治できることの重要性は増している。

---

[24] このような主張の内容を記した書として、同氏著『HARD THINGS 答えがない難問と困難にきみはどう立ち向かうか』（日経BP社、2015年）がある。「平時のCEO（最高経営責任者）」と「戦時のCEO」との概念にわけ、CEOとしてどう決定すべきかの参考になる書である。

3　株式の希薄化予測

（1）株式希薄化の想定

　創業以降、エンジェル投資家からの投資、数回の第三者割当増資、優秀な従業員の雇用維持のためのストックオプションの活用によって、どんどん自らの株式が希薄化（持株比率の低下）されていくことも考えなくてはならない。これらの希薄化事由以外にも、業務提携の一環として、役員の有する株式を譲渡するなどの方法により資本業務提携を行うこともある。希薄化は創業当時には予測し難いが、希薄化事由が存在することだけでも知っておく必要がある。

（2）　株式の希薄化ストーリー

　株式の希薄化がどのようにして発生していくかストーリーを通してみていくことにする。このような事例を通して、自社がどのような資本政策を行っていくかの見立てを行い、創業者、経営者、従業員及び投資家のメリットのバランスを図っていくことが望ましい。

▶会社設立時における株式ストーリー（創業から０日）

　今回のストーリーでは、典型的な事例として、代表取締役、共同創業者である技術担当役員（CTO）１名、開発を担当する従業員２名体制を想定する。

図2-8　資本政策表

	創業時					
	会社設立					
	普通株式	優先株式	比率	ストックオプション	潜在込	比率
代表取締役	8,000	0	80.0%	0	8,000	80.0%
共同創業者（CTO）	2,000	0	20.0%	0	2,000	20.0%
合計	10,000	0	100.0%	0	10,000	100.0%

※企業価値：１株100円、総額100万円

　創業者の前職時代の同僚であり、高い技術力を有するCTOに一定の株式を保有してもらうことで、今後も二人三脚で会社を発展していきたいと考え、株式を20％保有してもらうことにした。一方、従業員に対しては、創業メンバーではあるものの、今後ストックオプションを付与する口約束のみをし、株式を付与しないことで納得してもらった。従業員も株式の価値をあまり理解していなかったため、揉めることなく設立時の株主構成が決まった。

　ここではわかりやすく、株価を100円、資本金を100万円と設定し、代表取締役が普通株式8,000株、CTOが普通株式2,000株を出資することとする。

▶エンジェルラウンド時における株式ストーリー（創業から半年）

　創業から半年ほど経ち、代表取締役も含め4名体制で開発した結果、想定していた開発期間よりも前倒しでサービスのβ版が完成した。リリースに向けて今後の成長を考えたとき、開発したプロダクトをどのように伸ばしていけばよいのか結論を出せずにいた。

　知人からの紹介で知り合ったベンチャーキャピタルからも、今後成長方針に有益な助言をもらいつつ、今後の展開をどうすべきか社内で協議を行った。創業者はベンチャーキャピタルが主催する起業家を集めたセッションに出席し、先輩起業家と出会った。先輩起業家に気に入られ、開発現場を見たいとのことで会社見学も兼ねて来社いただき、プロダクトで解決したい点も筋が良いと評価いただいた。一方、先輩起業家からは、自らの起業体験から、今後つまずくであろう事象や、その対処法についても率直に意見が出された。創業者は、今後も訪れるであろう会社の課題を相談できる相手だと考え、先輩起業家に株主として参与いただき、今後もアドバイスをいただきたいと考えた。

　この希望を率直に伝えたところ、1,000万円の出資ならできるとの回答をいただき、1株1万円で1,000株発行し、発行済株式総数は11,000株と

なり、先輩起業家（エンジェル投資家）は9.1％の株式を保有することになる。

図2-9　資本政策表

| | 創業から、半年 | | | | | | |
| | エンジェルラウンド | | | | | | |
	株式発行	普通株式	優先株式	比率	ストックオプション	潜在込	比率
代表取締役		8,000	0	72.7%	0	8,000	72.7%
共同創業者（CTO）		2,000	0	18.2%	0	2,000	18.2%
エンジェル投資家	1,000	1,000	0	9.1%	0	1,000	9.1%
合計	1,000	11,000	0	100.0%	0	11,000	100.0%

※企業価値：1株1万円、総額1億1,000万円[25]

▶シリーズA時における株式ストーリー（創業から2年後）

　先輩起業家からの度重なる助言の結果も功を奏し、無事にサービスをリリースすることができた。先輩起業家の強いプッシュもあり、スタートアップ企業のサービスを紹介する著名メディアにも高評価で紹介されたこともあり、順調にユーザーを獲得することができた。ユーザー数が増えるたびにサーバがダウンするなど時折トラブルはあったが、先輩起業家による助言により迅速に対処することができ、大きな事業上の障害はみられず成長することができた。

　もっとも、現段階では、スタートアップ企業のサービスに関心のある一部のユーザーが獲得できているのみで、もっと多くのユーザーに認知してもらわなければ売上を作ることは難しいと考えていた。サービスの改善を継続しつつも、サービスの認知度を向上させることによりユーザー層を拡充し、サービス自体を活性化させることでさらなる魅力を向上

---

[25]　ここでは投資後の企業価値のことを指すものとする。一般的にこのような投資後の企業価値を「post」の企業価値と呼び、反対に投資前の企業価値を「pre」と表現することになる。

させるべきだと判断した。

　そのため、十分な量のマーケティング費用、そしてマーケティングを運用する人員を採用することを検討し、約３億円の資金調達を行いたいと考えるに至った。創業者はベンチャーキャピタルを回ったが、３億円に見合う出資提案に恵まれなかった。希望額に近い出資提案を得られることもあったが、株式を40%近く手放さなければならない提案もあり、独立性を維持したい創業者の希望からは許容できなかった。

　そこで、エンジェル投資家である先輩起業家に再度相談に行き、上記状況を包み隠さず打ち明けることとした。先輩起業家は、今まで助言に従って順調に成長してきたこのサービスに適切なマーケティングを行えば、さらに伸ばすことができると賛同した。そのため、自らも１億円追加出資することに加え、知り合いのベンチャーキャピタルを紹介し、独立系のベンチャーキャピタルから２億円を出資してもらえることとなった。出資条件は、ベンチャーキャピタル側も優先的に資金を回収する必要性があり、評価額を前提とすると優先株式での出資条件とさせてほしいとの提案であった。代表取締役としては会社を成長させることの方が重要と判断し、優先株式での投資を受け入れることとした。

図2-10　資本政策表

| | 創業から、２年 | | | | | | |
| | シリーズA | | | | | | |
	株式発行	普通株式	優先株式	比率	ストックオプション	潜在込	比率
代表取締役		8,000	0	57.1%	0	8,000	57.1%
共同創業者（CTO）		2,000	0	14.3%	0	2,000	14.3%
エンジェル投資家	1,000	1,000	1,000	14.3%	0	2,000	14.3%
ベンチャーキャピタルA	2,000		2,000	14.3%	0	2,000	14.3%
合計	3,000	11,000	3,000	100.0%	0	14,000	100.0%

※企業価値：１株10万円、総額15億円

▶シリーズB時における株式ストーリー（創業から 4 年後）

　前回で調達した金額を活用し、順調に優秀な人材を獲得し、マーケティング予算に費消することができた。発展途上で幹部社員と開発担当の意見が合わずに、創業時から苦楽を共にしていた人員が2名退社してしまったことはあったが、サービス自体は順調に伸びていた。今まで無料のサービスであったが、サービスの一部に広告を掲載することとし、売上も徐々に獲得することができた。広告掲載後もサービスの最重要指標であるPV数は日に日に増加していき、今後広告掲載量を増加すれば単月での黒字化の兆しもみえ始めた。

　もっとも、これ以上広告掲載量を増加させてしまえば、ユーザーは広告の多いサービスに嫌気が差す懸念もあり、広告に頼らないサービスモデルを構築したいと考えるに至った。そのため、追加の開発資金に加え、広告によらない追加課金システムを導入したいと考えていた。課金ノウハウを有する企業から資金調達を受け、事業提携を同時に行うことで、よりサービスを伸ばしていくことができないか模索した。

　事業提携関係を緩やかに作り始めた大手銀行と事業会社があったため、投資相談に行ったところ、先方役員、投資委員会からも良い評価をいただき投資実現に至った。そのほか、ベンチャーキャピタルBからも投資したいとの提案をいただいていたため、このタイミングで出資していただくことにした。ベンチャーキャピタルAも投資契約上の権利である追加出資を一部行使するとの通知が来たため、これを認め、追加で4,000株を新規発行し、12億円資金調達することとなった。エンジェル投資家である先輩起業家からは、今回のラウンドでは出資しないと連絡が来て、「さすがに今の企業価値だと個人で投資できないよ」と一言メールに記載があった。

図2-11　資本政策表

	株式発行	普通株式	優先株式	比率	ストックオプション	潜在込	比率
	創業から、4年						
	シリーズB						
代表取締役		8,000	0	44.4%	0	8,000	44.4%
共同創業者（CTO）		2,000	0	11.1%	0	2,000	11.1%
エンジェル投資家		1,000	1,000	11.1%	0	2,000	11.1%
ベンチャーキャピタルA	1,000	0	3,000	16.7%	0	3,000	16.7%
ベンチャーキャピタルB	1,000	0	1,000	5.6%	0	1,000	5.6%
銀行C	1,000	0	1,000	5.6%	0	1,000	5.6%
事業会社D	1,000	0	1,000	5.6%	0	1,000	5.6%
合計	4,000	11,000	7,000	100.0%	0	18,000	100.0%

※企業価値：1株30万円、総額54億円

▶上場前における株式ストーリー（創業から6年後）

　大型調達の資金を活用し、エンジニアを大量に採用した。その結果、サービスの大型開発に成功し、サービスへの広告掲載に頼らず、ユーザーから直接課金してもらう事業構造を作ることができた。単月黒字を達成し、今後もサービスを順調に伸ばすことができる見通しが立ち、ベンチャーキャピタルからの提案もあって、そろそろ株式上場を行うことも視野に入れることとなった。

　ベンチャーキャピタルのファンド期限もまだ先であったため、この段階で上場を行うことが果たして適切なのか答えは出せなかったが、会社の管理体制を強固にする良い時期とも考え、新規株式公開に備えた準備を開始することとした。一度上場業務を担当した管理担当役員を採用することができ、会社の管理体制は格段に整備された。会社の予算策定能力も向上し、効果的な投資判断が行えるようになってきた。

　次第に、一般ユーザーからも信頼あるサービスとして認知されることが重要であると考え、真剣に株式市場に上場することを念頭に置くこと

とした。経営会議でその旨相談したところ、全役員から賛同を受け、会社全体として一層上場準備に力を入れることとした。その一環で今まで会社の成長を支えてくれた従業員と、管理担当役員を対象として、ストックオプションを付与することとした。既存株主の了解も得ることができ、早速付与することとした。

　株式上場に際しての資金調達は1株80万円とし、4,000株新株発行し、32億円調達する予定である。類似サービスの時価総額から考えると、保守的な株価での上場であるが、今後中長期的に個人投資家との信頼関係を構築していくに当たり、会社として約束できると判断できる利益ベースでの時価総額を設定することとなった。

図2-12　資本政策表

| | | | | 創業から、6年 | | | |
| | | | | 上場前 | | | |
	株式発行	普通株式	優先株式	比率	ストックオプション	潜在込	比率
代表取締役		8,000	0	44.4%	0	8,000	43.5%
共同創業者（CTO）		2,000	0	11.1%	0	2,000	10.9%
エンジェル投資家		1,000	1,000	11.1%	0	2,000	10.9%
ベンチャーキャピタルA		0	3,000	16.7%	0	3,000	16.3%
ベンチャーキャピタルB		0	1,000	5.6%	0	1,000	5.4%
銀行C		0	1,000	5.6%	0	1,000	5.4%
事業会社D		0	1,000	5.6%	0	1,000	5.4%
役員・従業員		0	0	0.0%	400	400	2.2%
合計	0	11,000	7,000	100.0%	400	18,400	100.0%

※企業価値：1株30万円、総額54億円

▶上場時における株式ストーリー（創業から7年後）

　調達した金額は、引き続き優秀な人材を獲得するとともに、機会があれば次なる優秀なスタートアップ企業に投資又は買収していき、株式価値を毀損しないようさらに成長していくことと考えている。このような投資が、ひいては会社を育ててくれたスタートアップ業界への恩返しとなることを希望している。今まで投資してもらった投資家や先輩起業家にも多くのキャピタルゲインを与えることができた。会社を成長させてくれた従業員にも今後株価を自分たちで上げていき、ストックオプションの価値を高め、それぞれの幸せを築いていってほしいと経営陣は心から願っている。

図2-13　資本政策表

| | 創業から、7年 | | | | | |
| | 株式上場 | | | | | |
	株式発行	普通株式	優先株式	比率	ストックオプション	潜在込	比率
代表取締役		8,000	0	36.4%	0	8,000	35.7%
共同創業者（CTO）		2,000	0	9.1%	0	2,000	8.9%
エンジェル投資家		2,000	0	9.1%	0	2,000	8.9%
ベンチャーキャピタルA		3,000	0	13.6%	0	3,000	13.4%
ベンチャーキャピタルB		1,000	0	4.5%	0	1,000	4.5%
銀行C		1,000	0	4.5%	0	1,000	4.5%
事業会社D		1,000	0	4.5%	0	1,000	4.5%
役員・従業員		0	0	0.0%	400	400	1.8%
一般株主	4,000	4,000	0	18.2%	0	4,000	17.9%
合計	0	22,000	0	100.0%	400	22,400	100.0%

※企業価値：1株80万円、総額176億円

（3）　株式の希薄化ストーリーの分析

　前述のスタートアップ企業の上場までの株式希薄化ストーリーは、理想的なスタートアップ企業を想定したストーリーである。実際には調達した資金を有効活用することができずに、資金が枯渇する寸前までいってしまうケースや、サービスのPV数自体は伸びているものの、なかなか売上に結び付く施策までつなげることができずに萎んでいってしまうケースも少なくない。

　また、今回はシリーズBまでの調達を前提としたが、最近ではシリーズC、シリーズDの調達を経ることも一般的であり、株式の希薄化は追加の資金調達が生じる事態も想定する必要がある。

　このような希薄化の典型的なケースを理解しておく上で、そもそも創業時の持株比率はどうすべきであったかも遡って検討することができる。例えば、創業時に4人で起業したが、仮に代表と共同創業者の出資比率を同一にしていた場合を想定すると、株式上場時には両者22.7%の株式しか保有していない計算となる。これ自体がよいかの是非については正解がないものの、ここから株式上場時に創業者の保有株式を一部手放すことを考えると、代表取締役単独の持株比率は20%を下回る計算となる。ベンチャーキャピタルは基本的に上場後に株式を一般株主に放出すると想定すると、議案によっては賛成を獲得することが容易でなくなる可能性も考えなくてはならない。

　一般株主による牽制が働くため、このような比率が必ずしも悪いわけではないが、会社側としてはスタートアップの創業時の1つの決断が上場時にここまで影響があるとは想定していない場合もあり、理解しておくことが望ましい。株式は基本的には是正することが困難であるため、創業当初から資本政策をしておくことをお勧めする。

第3章

ベンチャーファイナンス

Legal Guide for Startup

3

第 1 節　ベンチャーファイナンスとは

1　スタートアップ企業の資金調達方法

（1）デットファイナンス

　デットファイナンスとは、デット（Debt、負債）が増加する資金調達を指す。具体的には、銀行借入、社債の発行などのことをいう。

　デットファイナンスの特徴は、借入であるため、調達した額は返済義務を負い、支払利息が発生することとなる点が挙げられる。一方、原則として第三者に自社の株式を保有させることはなく、自己の株式比率の希薄化や第三者によるコントロールの懸念なく企業運営を図ることが可能というメリットがある。

　この点、銀行借入の場合には、人的保証（連帯保証人など）、物的担保（不動産を抵当権に設定するなど）や自社の知的財産権を担保にするようなリスクを負うことになる場合も少なくない。最近では、スタートアップ企業向けにも無担保・無保証の創業融資制度などが整備されており、このデットファイナンスを用いた資金調達を図る企業も少なくない。ベンチャーキャピタルからのエクイティファイナンスを受ける前のつなぎとして、この創業融資制度を利用して借入を行う利用方法も行われている。

　また、社債（企業が発行する債券）の発行についても、単なる債券を発行するのではなく、新株予約権付社債の発行（社債権者が権利行使をすれば発行会社の株式を買い取れる権利が付いた社債、転換社債型新株予約権付社債などが有名）という、株式に転換できる性質を有する社債を発行する方法もある。このような社債の場合、投資家とすれば債券として元本が保証されるほか、株式価値が上昇した場合には株式に転換することも可能であり、有利な条件での資金調達が可能になる性質を有している。

COLUMN

スタートアップ企業を支える創業融資制度

　創業直後での資金の調達方法は、スタートアップ企業にとって永遠の課題でもある。親族からの個人的借入によって自己資金で何とか食いつないでいる企業もあると聞くが、誰もがこのような属人的な借入ができるわけではないことは当然である。

　このような資金状況の中、創業直後の企業であっても低金利で融資を受けられる制度はスタートアップ企業において重要な制度として機能している。その一つとして、日本政策金融公庫が実施している「新規開業資金制度」などが代表例となる。重要な点は、借入額にもよるが、原則として無担保・無保証による借入が可能である点である。金利も低率での借入ができる。

　創業間近の段階で、そこまで会社のバリュエーションも高まっていない段階でのエクイティファイナンスは持株比率を下げてしまうことにもなる点、また実際サービスがリリースしていない段階で投資家から資金調達の実現可能性が低い点などを考慮すると、起業家としては、上述のような創業融資制度を利用することも得策といえよう。

（2）エクイティファイナンス

　他方、エクイティファイナンスとは、エクイティ（Equity、資本）が増加する資金調達のことを指し、新株の発行（株主割当、第三者割当といった払込みを伴う増資）が一般的である。前述した新株予約権付社債の発行も資本が増加するため、これに分類される。

　スタートアップ企業においては、このエクイティファイナンスの活用こそが重要であり、後に詳述していく。

（3）クラウドファンディング

　不特定多数の者からインターネットなどを用いて資金調達を図る方法であるクラウドファンディング（Crowdfunding）によって資金を調達する事例も増えている。一人一人からの調達額は少額でも多数の者から調達できるため、全体として多額の資金調達を図ることが可能になる方法である。

　クラウドファンディングによって変化の大きい業種とはどのような業種かを考えてみるに、理論上では従来の資金調達方法では調達が困難であり、なおかつ大衆に支持されやすい市場と考えられる。このような業種として、具体的にはハードウェア、映画・映像作品・音楽のようなコンテンツ作品のような業種が挙げられ、実際に米国におけるクラウドファンディングへのエントリーもこのような業種が上位を占めている。多数の者から資金調達する上で、プロダクトやコンテンツ作品は、多くの支持を得やすい性質を有することも、クラウドファンディングを用いた資金調達方法との親和性が高いことに影響している。

　従来は、このような多額の初期投資を要する業種では、エクイティでの投資が付きにくく、また担保なく銀行からの借入なども行えない現実があったが、今後はこのような業種においてクラウドファンディングを用いた資金調達という選択肢が増えることになる。その結果、一部の大手資本しか参入できなかったハードウェアビジネスや映画などのコンテ

ンツ市場にスタートアップ企業が参入しやすくなる効果を生み、業界全体として市場が活性化することが期待される。

　近年では、株式投資型のクラウドファンディングプラットフォームによって、多数の投資家からエクイティファイナンスを行う企業もあり、このような企業の上場事例もある。ただし、株主が増えるとその管理が困難になったり、イグジットが難しくなったりするなどのリスクもあるため、法令や上場事例等を踏まえて法務面の管理を適切に進める必要がある。

2　エクイティファイナンスの重要性

　前述のように資金調達といっても様々な方法があることを紹介したが、スタートアップ企業の場合、エクイティファイナンスが最も有効な資金調達方法といってよい。その理由をデットファイナンスとの比較から解説していく。

▶返済の必要がない

　デットファイナンスの裏返しであるが、エクイティファイナンスの場合には、自社の株式を発行し割当を行うのみで、調達した金額を事後的に返済する義務を負わない。

　スタートアップ企業の場合、シリーズA（起業したばかりのスタートアップ企業に対してなされる初めての投資のこと）で資金調達を果たし、さらにグロースしていく段階にはプロモーション費用やサーバ増強のために資金調達を図る必要性が生じる。常に成長を遂げるスタートアップ企業にとって、毎月返済を継続する必要のある資金調達方法は一般的には不向きである。

　また、一般的な銀行借入では担保の設定が必要になることもあり、創業者自らの連帯保証や物的担保を付けた場合、仮に事業がうまくいかず

に資金ショートしてしまった際、個人でも返済義務を負うことになる。ただし、無担保無保証型の創業融資もあるため、性質を見極める必要がある。

▶リスク／リターンの構造から、多額の調達ができる可能性がある

　主にスタートアップ企業に投資を行う主体として、ベンチャーキャピタルの存在が大きい。ベンチャーキャピタルは、投下した資金を確実に全企業から回収するのではなく、成長性の高い未上場会社に投資を行い、その中の一部の企業がイグジットすることにより多額のキャピタルゲインを得る構造にある。そのため、安定的に収益を上げていく企業を期待するよりも、高い収益性を誇るサービスを作り、多額の収益を上げるような成長性の高い企業に出資を行うこととなる。

　ベンチャーキャピタルの利益構造は、複数の会社に投資を行い、その内1社でも巨額のキャピタルゲインを得られれば、その他全ての会社が上手く行かなくとも利益が出る形となっている。

　貸付の場合には、貸付者は、利息での収益によりリターンを得るためリスクの高い投資をすることができず、実際に回収が見込める金額や担保価値を前提に貸付額を判断することとなる。他方、スタートアップ企業への投資の場合、主に将来利益の見込みを基準に判断することになり、一般的には将来キャッシュフローを、リスク等を勘案した割引率によって現在価値に割り引いた金額を評価額と査定し、バリュエーション算定する。貸付の場合よりも多額の資金調達を行える可能性が高い。TVCMも含めた大型のプロモーションを行うためには数十億円の費用投下を予定する場合もあり、未上場段階のスタートアップ企業が資金調達を行う場合には、エクイティファイナンスを用いることが一般的である。

3　エクイティファイナンスの仕組み

　一般的なスタートアップ企業の資金調達方法である第三者割当増資を前提に、エクイティファイナンスの仕組みを簡単に説明する。

　株式会社が新株を発行する際には、1株当たりの払込金額を定めて新株を発行する。これを引き受ける者は、定められた1株当たりの払込金額を株式会社に払い込むことにより、その新株を引き受けることができる。このときに払い込まれた金銭が調達資金であり、株式会社は、投資契約等で制限がない限り、この資金を自由に利用することができる。

　当然ながら、企業価値が低く評価されて1株当たりの払込金額が少額であれば、多数の株式を発行しなければ多額の資金の調達はできないし、反対に、企業価値が高く評価されて1株当たりの払込金額が高額になれば、少数の株式の発行であっても多額の資金を調達することができる。そして、株式の発行により自らの持株比率が低下するため、持株比率を考慮した資本政策を立案しなければならない。

　このようにして新株発行等により資金調達を行う方法がエクイティファイナンスである。

第2節　エンジェル投資家

1　エンジェル投資家

（1）エンジェル投資家とは

　エンジェル投資家とは、一般的には、創業間もないスタートアップ段階の企業に対して資金支援を行う個人投資家のことをいう。自らも起業・経営した経験があり、自社を売却した後に得た資金などを元手として、後継のスタートアップ企業支援に充てるためにエンジェル投資家として活動する者が多い。この現象は、エコシステムの形成に非常に重要な役割を担う。

　エンジェル投資家とベンチャーキャピタルとの一番の違いは、ベンチャーキャピタルの場合には、基本的には外部の投資家から資金を調達し、その資金で運用をするが、エンジェル投資家の場合には、自らの資金で投資を行うことになる点である。

　このような性質の違いを理解する必要がある。ベンチャーキャピタルは、ファンドの管理・運営者として外部の投資家の資金を預かっている身である。このため、ベンチャーキャピタルは、受託者としての責任を負うことになり、慎重なデューデリジェンスや、企業に対する経営監視を行う必要がある。また、管理するファンドには期限が設定されており、一定の期間内に利益を出さなければならない性質を有している。

　他方、自己の資金を自由に投資できるエンジェル投資家は、このような性質を有しない。エンジェル投資家の投資の方法は、投資家個人の個性によるものであり、一般化することはできない。

（2）エンジェル投資において重要な視点

　エンジェル投資家からの調達において覚えておいた方がよいのは、誰から調達するのかという視点である。これはベンチャーキャピタルから

の調達でも該当する考え方である。

　スタートアップ企業が資金調達を行う観点として、事業計画を遂行する上で必要となる資金を調達することが第一となる。もっとも、スタートアップ企業の場合、資金支援的な意味合いに加え、投資家から経営のアドバイスをもらう目的で投資を受けることも重要である。前述のとおり、エンジェル投資家には、一度企業を成長させ、イグジットまでさせた経験豊富な経営者が多いため、この投資家の経営経験や人脈などが主目的で資本を入れてもらうというケースも多い。

　経営経験のあるエンジェル投資家の場合、投資先企業の成長性や起業家の将来性を見抜く目が優れていることもあり、優秀なエンジェル投資家が投資しているということは良い企業だとのシグナル効果が発動され、サービスの知名度が向上したり、その後の資金調達が容易になったりという効果も期待できる。このような現象はシリコンバレーでは顕著に見受けられ、例えば「Facebook」や「Space X」に対する投資で有名な伝説的エンジェル投資家であるピーター・ティール氏が投資を行うだけで、その企業が著名になるといった現象も生じている。

　実務上も経営が苦しい場面に晒される際、企業を成長させたことのある経験豊富な経営者が株主として助言してくれる環境は助かる。一方で、資金支援をした後は、その経営者に任せて口を出さない方針の投資家もおり、逆に口を出さない方針がよいと考える経営者もいる。

　株主として迎え入れることになるため、自分がどのような株主に入ってほしいのかという視点で資金調達を行うことが大切である。

COLUMN

伝説的な投資家　ピーター・ティールとは

　ピーター・ティール氏は、東ドイツで生まれ、親の都合により様々な国を転々とした後、スタンフォード大学で哲学を学び、1992年にはスタンフォード大学のロースクールを修了することとなり、法曹を志すに至った。しかしながら、ロースクールを修了し、連邦控訴裁判所の法務事務官を1年務めた後、志望していた最高裁判所の法務事務官ポジションを得ることができず、大量の人間が微妙な差を争い、勝敗を分けるゲームのむなしさを痛感し、デリバティブを行う金融機関に勤めた後、起業家への道を選択するに至った。

　同氏は、1999年にオンライン決済サービス「PayPal」事業を開始し、同種事業を営むイーロン・マスク氏が経営する「X.com」と合併した後、2002年に新規株式公開を果たし、結局「eBay」に会社売却するに至り、巨額の創業者利益を受領することとなった。

　同氏の名声は見事バイアウトを果たした後の、投資家としての側面にある。同氏は、ファンドを立ち上げ、2004年に「Facebook」に投資し、Facebook社の初めての外部投資家となった。その後も、「LinkedIn」「Yelp」「Tesla Motors」「SpaceX」といった米国を代表する企業にまで成長した企業に早い段階から投資を行っていることでも有名である。現在も、海上に法律の適用がない共同体を作る海上都市の建設計画、遺伝子テクノロジーを利用した生命延長技術を研究する財団への寄付、20歳以下の若者に大学に行かない代わりに起業をサポートする財団を設立するなど、人類の生活を向上するために投資や寄付活動を続けている。

　同氏の経歴をみていくと、自ら創業し、バイアウトを果たし巨額の資金を得た後、次なる起業家を育てる投資家側に回り成功を収めるという、いかにもシリコンバレーらしい成功モデルが現れている。現実として、「Facebook」といった次なる成長企業への投資・経営サポートによって、成長企業をより高い成長企業へと変貌することができている。また、同氏の経歴としては、元々ロースクールを修了後、法務事務官としてキャリアを積み、リスク・リターンの見合わない競争から抜け出す意義を述べていることも参考になる。こちらについての詳しい経緯は、同氏による『Zero to One: Notes on Startups, or How to Build the Future』に記載されているため、是非参考にしてほしい。

（3）エンジェル税制

　このようなエンジェル投資家の投資を促進するため、日本ではエンジェル税制（ベンチャー企業投資促進税制）という制度が導入されている。

　エンジェル税制に定める要件に該当する場合、企業への投資額をそのままその年の他の株式譲渡益から控除でき、投資（ベンチャー企業株式の売却）により生じた損失と、他の年の株式譲渡益と相殺することができる。相殺しきれなかった損失も翌年以降３年間相殺可能な制度となっている。投資方法としても、スタートアップ企業への直接投資以外に、認定投資有限責任組合経由、認定少額電子募集取扱業者経由の投資の場合にも、この制度を利用することができる。

　エンジェル投資家の投資において同制度の適用を求められるケースもあるため、このような制度の存在について覚えておくとよい。

　なお、エンジェル税制の適用を求められた場合には、スタートアップ企業において申請手続き等が必要となる。

（4）エンジェル投資家との間で締結する契約書

　エンジェル投資家から資金調達をする場合、契約書を締結するかどうか（締結しない場合もある）、いかなる契約書を締結するのかについては、エンジェル投資家の性格によって千差万別である。

　締結する場合であっても手続上、必要な事項のみ記載されたシンプルなものもあれば、細かい点についても定められる契約書案がエンジェル投資家から提示される場合もある。

　契約書を締結する場合、投資家との間で締結する投資契約又は株主間契約の主な機能は、投資するに当たって投資家が経営者に対して期待することを明確にするという点になろう。経営株主との間の利害関係と投資家との間の利害関係の違いを理解して設計する必要がある。

　例えば、経営者の能力や手腕に期待して会社に投資したにもかかわらず、経営者自身が投資後すぐに会社を辞めてしまっては投資した意味を

失くす。投資家としては、投資の前提として、少なくとも経営者が会社に専念する義務を課し、経営者の兼業により能力が分散されることを防止するべく、競業禁止条項を設けることがある。

また、投資家としては、投資後、その会社の状況が全く把握できなくなるケースがある。これに備えて、シンプルな報告義務や協議義務等が定められることもあり得る。

留意すべきは、エンジェル投資の段階で投資家と交わした条件は、その後に投資家と締結する契約においても同等以上の義務が設定されることが通常であることだろう。このため、あまりに実務上、細かい条件を受け入れてしまうと、負担が大きくなることもある。

▶強制売却権（Drag Along条項）

ベンチャーキャピタルとの間で締結する投資契約については、本章第4節で詳しく解説することとするが、強制売却権についてはここで説明しておく。

経営者が早期に株式売却によるバイアウトを希望する場合であっても、エンジェル投資家としては当然その後株式価値が高まってから売却したいという希望があるため、早期の株式売却には応じないということがある。

他方、経営者としては、さらなる成長を遂げるために、早い段階でメガベンチャー企業の傘下に入ることを選択することもあり得る。場合によってはそれが最善の選択となることも少なくない。このような場合に、一部の株式を保有するエンジェル投資家が反対したためにメガベンチャー企業の傘下に入るディールが頓挫することを避けるべく、経営株主が株式を売却する場合には、エンジェル投資家に対し、同一の買い手に売却させることができる権利を設けることがある。自らの意思によらずに売却を強制されてしまうエンジェル投資家との間で交渉になることが想定されるため、事前に話し合っておくに越したことはない。

<table>
<tr><td>第 3 節</td><td>ベンチャーキャピタルとその役割</td></tr>
</table>

1　ベンチャーキャピタルとその種類

　ベンチャーキャピタルとは、高い成長性が見込まれる未上場のスタートアップに対し、当該企業が成長するための資金をエクイティでの投資の形で提供するファンドのことを指す。

　ベンチャーキャピタルの分類は、会社の出身業種によって分類される。例えば野村證券が主導したジャフコ（現在は資本関係なし）、大和証券が主導となる大和企業投資などの証券会社系といった業種ごとの分類となる。その他の業種としては、金融機関系、保険会社系など、金融に関わる業種は基本的にベンチャーキャピタル業を行っており、これらをまとめて金融系のベンチャーキャピタルと呼ぶことも多々ある。そのほかでは、三井物産、三菱商事や伊藤忠といった商社系などもプレイヤーとして大きな存在感を示している。

　また、最近では事業会社がファンドを組成し、ベンチャー投資する例も多い。このような事業会社系のベンチャーキャピタルをコーポレート・ベンチャーキャピタル（Corporate Venture Capital）と呼び、一般的に「CVC」と呼ばれる。Salesforce Ventures、サイバーエージェント・キャピタルなどがこの類型に当たる。ベンチャー投資を行う専門の子会社を設立した上、当該子会社がファンドを組成・運用してファンドを通して投資を行うケースが多いが、子会社を設立せずに、事業会社本体の自己資本から投資を行う本体投資の手法を並行して行う企業も少なくない[1]。

　一般的には母体となる業種によって類型化して呼ばれることが多いが、実際にはどのステージのスタートアップ企業に出資するかという投

---

[1]　このような自己資本での投資とファンドを通じた投資を同時に行うことについては「並行投資」と呼ばれている。

資スタンスと、事業支援や人脈の活用といった投資後の支援スタンスの方が投資先選定の際には重要性がある。実際、スタートアップ企業側もやみくもに資金支援者であればどの投資家でも受け入れるようなことはせず、担当者との相性や投資スタンスなどを考慮した上で選定するべきである。

2　ベンチャーキャピタルの仕組み

　ベンチャーキャピタルからの投資の前提として、ベンチャーキャピタルの運営するファンドの法形式についても簡単に説明しておく。

　日本のベンチャーキャピタルファンドの多くは、投資事業有限責任組合契約に関する法律に基づき、「投資事業有限責任組合」（Limited Partnershipから、「LPS」とも呼ばれる）という法形式で組成されている。ファンドのビークルとしては、組合形式といったその他の法形式によっても可能だが、投資家の責任の限定、二重課税の回避の観点から投資事業有限責任組合が選択されている。この法形式のメリットを説明する前に、まずはベンチャーキャピタルファンドに関して登場するプレイヤーを説明した上で、当該プレイヤーの利益になぜこの法形式が適しているかを解説する。

▶ベンチャーキャピタルファンドに関わるプレイヤー

　投資事業有限責任組合は、無限責任組合員（General Partnerから、「GP」と呼ばれる）と有限責任組合員（Limited Partnerから、「LP」と呼ばれる）から構成されている。

　GPとは、ファンドの管理運営者のことをいい、出資者であるLP（及びGP）から預かった資金を未上場のスタートアップ企業に投資実行し、回収・分配、清算といったファンドの管理運営に関わる業務を執り行い、その対価として管理報酬・成功報酬をファンドから受領する者のこ

図3-1　ベンチャーキャピタルファンド

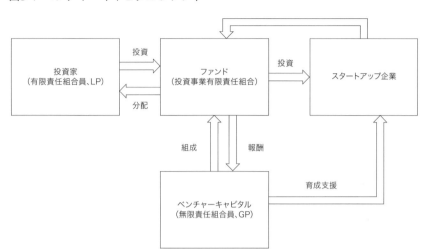

とをいう。また、投資を行うのみでなく、投資先企業が成長できるように経営指導や人脈の紹介といった様々な企業支援を行うことによって企業を成長させる役割も期待されている。一方で、LPとは、ファンドからの投資成果、多額のキャピタルゲインを得ることを目的とし、GPに資金の運用を委託する投資家のことをいう。このような意味で、ベンチャーキャピタルファンドの性格をみるには、GP及びLPの構成員を把握することも有益である。

▶ベンチャーキャピタルファンドに適した法形式

　このような管理運営者及び出資者が関与するファンドを組成し、キャピタルゲインを得るための法形式としてはどのようなものが優れているのだろうか。

　まず、重要な点は、出資者がファンドの負う債務の責任を負わない法形式である必要がある。例えば、民法上の組合形式でファンドを組成したと仮定すると、出資者である各組合員は、組合が負った債務について

無限責任を負うことになる。このような出資者が、自らが出資を行った金額以上の責任を負う可能性があるのであれば、出資を躊躇することになり、結果としてスタートアップ企業への投資資金が限定的になるため適さない。この点、投資事業有限責任組合では、LPは出資価額以上の責任を負うことのない有限責任が担保される（投資事業有限責任組合契約に関する法律9条2項）仕組みとなっている。

　また、投資するビークルとしては、投資により得た利益に対して課税が少ない形式がよい。そのため、ファンドの収益に対する課税と出資者への配当に対する課税という二重に課税が発生する法形式は適さない。株式会社や合同会社といった法人においてはファンドの収益に対して法人税が課税されることになるが、投資事業有限責任組合においては、ファンドの収益に対しての課税は行われず、あくまで出資者に対しての課税のみが適用される仕組みとなり、ファンド形式として適している。

　その他の法形式判断としては、ファンドの運営に関する義務の厳格性や柔軟なファンド運営が可能かという観点での判断基準も大きな要素を占める。この点で投資事業有限責任組合では会計監査義務や財務諸表の開示といった義務が課せられることになり、それらの義務はその他の法形式に比べると厳格性を有する。もっとも、これらの要素を総合的に勘案し[*2]、投資事業有限責任組合が、相対的に他の法形式よりも優れていると判断されているため、日本のベンチャーキャピタルファンドの実務としては投資事業有限責任組合形態が採用されていることが多い。

3　ベンチャーキャピタルによる投資までの道のり

　スタートアップ企業がベンチャーキャピタルから投資を受けるにあた

[*2]　紹介したファンドに係る義務としては、当然ながらファンドの管理運営費用の増加にはつながるものの、出資者としては投資したファンドの透明性を図ることができるため、有限責任性などと比較考慮すると、それほどまでに過大視する義務とは判断されない。

って、ベンチャーキャピタルがどのような成り立ちにより資金調達を行い、また当該資金調達で得たお金をどのような判断過程でスタートアップ企業に投資するのか、過程を理解する必要がある。まず理解すべきは、ベンチャーキャピタル自身も企業や個人投資家から資金を調達しているということである。ベンチャーキャピタルも投資家に対して利益を還元し、ベンチャーキャピタルの管理運営者であるGPも利益を得る必要があるため、運用期間の範囲内にキャピタルゲインを得る必要がある。

▶ベンチャーキャピタルの資金調達

　ベンチャーキャピタルは、ファンドを組成するにあたり、スタートアップ企業に対して投資するための資金を調達する必要があり、LPとなる企業や個人投資家から資金を調達することになる。このような資金を元に、投資ファンドを組成し、スタートアップ企業に投資を行うことになる。

▶投資先選定・デューデリジェンス・投資実行

　ベンチャーキャピタリストとしては、投資先となる有望なスタートアップ企業及び起業家を発掘するために、イベントやスタートアップアクセラレーターの開催、経営者からの紹介、投資家と起業家を繋ぐミートアップへの参加といった経路を通して多くの起業家と出会う。投資先の発掘業務から、有望な企業を選定し、具体的な審査に入ることになる。

　審査を行う上で、企業の価値を査定するために行うデューデリジェンスも企業のステージに応じて濃淡を付けるのが通常である。シードステージ段階では、そこまで厳密なデューデリジェンスは行われず、最低限の審査を行った上、起業家自体の能力と事業の将来への可能性の見立てを行う。審査の上、スタートアップ企業のバリュエーションを算定し、投資価格を決定する。

　投資についても、段階的投資・マイルストーン投資という手法によっ
て、複数回に分けて投資を実行する場合もある。一企業に対して一度投
資実行して終わりというわけではなく、複数回の投資実行を行う場合に
は、以下の投資先企業の定期モニタリングが前提となる。この場合、投
資契約に定める情報受領権も重要な意味を持つ。

▶ハンズオン・モニタリング

　ベンチャーキャピタルのスタンスにもよるが、投資した後についても
経営支援を行い、経営助言を行っていく「ハンズオン型」と呼ばれるス
タイルが日本でも一般化している。このようなスタイルのベンチャーキ
ャピタルの場合には、社外取締役として取締役会に出席することも見受
けられる。ハンズオン型でない場合であっても、投資先企業の成長性を
監視するために、一定のモニタリングを行い、投資契約で定めた事項に
ついてスタートアップ企業から情報を開示してもらうことになる。

　ベンチャーキャピタルを理解する上で重要な前提であるが、ファンド
には運用期間が定められ、一般的には10年の運用期間となっている。そ
のため、同期間内に資金回収を図る必要があり、目安としては運用期間
の内、初めの5年間で投資実行を行い、残り5年間でハンズオン・モニ
タリングを行った上、スタートアップ企業をイグジットまで成長支援す
る期間となる。これらの期間は目安であり、厳格に前半・後半に分別さ
れるものではないが、契約交渉を行う上でも重要な理解となる。例え
ば、IPOの時期の目安を投資契約書に規定することが一般的であるが、
このような期間設定はファンドの運用期間に影響されることとなる。

▶資金回収・分配

　ベンチャーキャピタルの資金回収の特徴であるが、投資先の全ての企
業からキャピタルゲインを得ることは、リスクをとって高い成長可能性
に賭けるスタートアップ企業の性質上、極めて困難である。投資企業の

内、数社がIPO又は会社売却することによって、多額のキャピタルゲインを得ることになる。このような投資資金を回収し、ベンチャーキャピタルの投資家に対して利益を還元することになるのである。

COLUMN

段階的投資・マイルストーン投資

　段階的投資とは、ベンチャーキャピタルが投資先企業に対して、一括で資金を投資するのではなく、複数回に分けて資金を提供する投資形態のことをいう。このような投資手法は、特に米国においては珍しくなく実行されている投資形態である。

　このような投資手法を用いるには、ベンチャー投資特有の事情があり、重要な視点となる。投資先であるスタートアップ企業のモラルハザードの問題である。

　スタートアップ企業としては、基本的には、アーリーステージ段階での資金調達において、持株比率を多く放出するわけではないため、重要決議を通すことのできる3分の2以上は経営者側で保有し続けたままであることが一般的である。そのため、資金調達により得た資金は、経営者の裁量により自由に活用することもできよう。

　このような多額の出資にもかかわらず、当該資金は出資者でなく経営者が裁量を有するという図式は、所有と経営が分離している現在の会社法においては常につきまとう問題となる。

　そのため、投資契約上は、このようなモラルハザードが起こらないように設計するのであるが、段階的投資というスキーム自体が、このようなモラルハザードを抑制するインセンティブを経営者側に与えるものとして機能するのである。投資を一括して実行するのではなく、時期を分けて資金供給することになるため、万が一経営者によるモラルハザードが発生した場合には、追加の資金供給を実行しないオプションを投資家側に与えるスキームとなる。

　当該事態を回避するためにも、経営者側としては、より一層企業価値向上のために事業に専念し、浪費を避け、適切なコストコントロールに励むことになる。起業家の多くはこのような段階的投資でなくても、勤勉に事業に専念するとの実態もあり、必要ないとも考える投資家も多いが、信頼関係と同時に、こうした適度な緊張関係も企業成長のためには必要とも考

えられる。

　信頼関係が重要なのはあえて強調するまでもないが、投資実行の際には
ある程度、性悪説に立脚した上でも成り立つ仕組みを構築することがベン
チャーキャピタルの背後にいる投資家の利益にも沿うことになる。その手
法として、このような段階的投資手法を取り入れることも参考になる。

　また、このような段階的投資と似た概念として、投資契約上に定めた一
定の条件をスタートアップ企業が充足した場合に、ベンチャーキャピタル
が追加投資を実行するマイルストーン投資という手法もある。条件（マイ
ルストーン）を設定することにより、当該条件を充足し、追加投資を受け
たい起業家心理を活用した投資手法である。日本のベンチャー投資の実態
としては、一部のインターネット企業の場合にはバリュエーションの前提
となった成長過程の内、PV数を指標として条件化しているケースもある。
もっとも、このようなマイルストーンを投資段階で設定しにくい場合もあ
り、投資契約上としては頻繁に出てくるものではなく、研究開発のフェー
ズに適したバイオベンチャーなどへの投資の場合に登場する機会が多いと
考えられる。

4 ベンチャーキャピタルの利益構造

　ベンチャーキャピタルの構造を理解する上で、その利益構造[*3]を簡単に紹介する。

▶キャピタルゲイン

　ベンチャーキャピタルは、ファンドの資金をスタートアップに投資し、投資先がイグジットを果たしてキャピタルゲインを得た場合、その中から成功報酬を得る。具体的には、投資先企業が株式公開を果たし、一般市場で売却することによって得られる株式売却益、又は投資先企業が第三者企業に会社売却を行う場合に、同時に全株式を譲渡することになるため、当該株式の譲渡益がキャピタルゲインとなる。IPO又は会社売却時には、当該投資先企業にバリュエーション算定され、当該価額に保有株式を乗じた金額から投資金額を引いた金額が投資により得た収益となり、営業投資有価証券売上高として売上に計上されることになる。

　このようなキャピタルゲインからの成功報酬がベンチャーキャピタルの重要な報酬源であるため、ベンチャーキャピタルはできるだけキャピタルゲインを大きくするべく、可能な限り株式価値を最大化してイグジットさせるインセンティブがある。このため、ベンチャーキャピタルとしては、不確実なIPOよりも早期の会社売却を選択した方が合理的な場合もあり得る。

　ベンチャーキャピタルとの関係を構築する上では、このようなベンチャーキャピタルのインセンティブを理解しておくとよい。

▶ファンドの管理運用により得る収入

　ベンチャーキャピタルの収益としては、組成したファンドを管理運用する報酬もある。ファンドの規模に応じた一定の割合（一般的には２〜

[*3]　このようなビジネスモデルを確立したのは、米国老舗のベンチャーキャピタルであるドレイパー・フィッシャー・ジャーベットソン（通称：DFJ）とされる。

３％程度）の報酬を得て、運営を行うための経費を捻出することになる。また、このような報酬は、ファンドの設立時にも設立報酬として得ることができる。

5 シードアクセラレーター

シードアクセラレーターとは、ベンチャーキャピタルなどが開催するスタートアップ企業が成長するための数か月間のプログラムのことをいう。一般的には、プログラムに参加するためにスタートアップ企業を選考し、プログラム期間中は、ビジネスモデルを確立するために経営者・専門家によるアドバイスを行い、多数の投資家を招いて、自社の事業をプレゼンテーションするピッチイベントやデモイベントを開催することになる。このようなイベントにより、当該スタートアップ企業は資金調達を行うことができ、より成長性の高い企業に変貌することになる。

シードアクセラレーター主催側の目的としては、プログラムの開始段階又は終了段階に、プログラムに参加した有望なスタートアップ企業に対して、自らも投資を行い、企業が成長しイグジットを果たした段階で多額のキャピタルゲインを得ることを目的としている。

米国において、「Y Combinator」、「Techstars」といった多数のスタートアップ企業を輩出したシードアクセラレーターが登場したことにより、無数のシードアクセラレーターが誕生した。長らく資金供給が行き届かなかったシードステージのスタートアップ企業への投資を行い、日本のベンチャーエコシステムの形成に大きな役割を担うこととなった。

COLUMN

Y Combinatorとは

　Y Combinatorとは、ポール・グレアム氏が代表を務めるシリコンバレーを拠点としたファンドであるが、その特徴として、スタートアップ企業向けに、3か月間の「ハンズオフ型」のアクセラレーター・プログラムを実施していることで有名である。同プログラムに参加するスタートアップ企業は、シリコンバレーに移住し、3か月の間、自社のサービスの改善に励み、相談があれば同プログラムの優秀なメンターに相談することが可能となる。また、スタートアップ段階のプログラムとしては、メンターがスタートアップチームを育成していく「ハンズオン型」のプログラムが多いが、Y Combinatorでは基本的にはスタートアップチームの裁量に任せる形式で行われることとなる。その現れとして、対面でのコミュニケーションを重視していることから、シリコンバレーへの移住こそ条件となっているものの、業務を行う場所としてコワーキングスペースは提供しておらず、投資家に近い場所で働くことでその企業の自立性を阻害しないように配慮しているのである。

　プログラム内容としては、初日に会社経営に関する簡単なオリエンテーションを実施した後、1か月後の「Mini—Demo Day」と呼ばれる自社のサービスのプレゼンテーションの場が用意される。その際、代表のポール・グレアム氏からフィードバックの機会を与えられることとなる。同プレゼンテーションには、エンジェル投資家が聴講しており、興味のある企業に投資されることもある。このようなフィードバックを経て、自社サービスの利点・弱点を理解し、より高いサービスへと改善し、参加から3か月後の「Demo Day」で正式なプレゼンテーションを行い、投資家から資金調達を得ることができる。

　以上のプログラムを経て、Y Combinatorが投資した企業としては、「Dropbox」、「Airbnb」といった世界を代表する企業に成長を遂げた企業も多く、そのプログラム内容が世界中から注目を浴びている。

　日本においてもこのようなアクセラレーター・プログラムが開催されることも多く、日本のメガベンチャー企業を中心に、投資を前提としたプログラムが用意されることもある。日本においては、会社をグロースさせる秘訣を持つ強力なメンターがまだまだ足りていないともいわれているが、このようなプログラムを通して学ぶべき点は多いと聞く。

第4節　優先株式を用いた資金調達

1　優先株式とは

　新株を発行することによって行うエクイティファイナンスがスタートアップの最も一般的な資金調達方法であることは既に説明した。このうち、普通株式を発行して行う資金調達ではなく、優先株式という「特定の事項について普通株式に優先できる特別な株式」を発行して行う資金調達について説明する。

　優先株式による資金調達は、多額の資金調達を可能にし、主にアーリーステージ以降のベンチャー投資では多く取り扱われている。

　優先株式とは、他の種類の株式よりも、以下の【優先できる事項】について、優先的に受け取ることができる地位が与えられた種類株式（会社法108条1項1号・2号）のことをいう。

　優先株式による資金調達の手続きとしては、いわゆる普通株式を発行するのではなく、特別な条件が定められた種類株式を発行して行う。

　なお、投資家と会社・経営株主間で、下記の優先事項を株主間契約で合意し、種類株式を発行しない（普通株式を発行する）方法により、優先権を認めることもあり得るところである。しかし、これは単なる当事者間の合意に過ぎない。このため、投資家は、スタートアップ企業が株主間契約に違反したとしても、スタートアップ企業に対して契約違反の責任を追及することができるにとどまり、合意に基づいた優先権を得られない恐れがある。そこで、投資家としては種類株という会社法で定められた制度により優先権を確保し、優先事項に違反するスタートアップ企業の行為を無効にする必要があるといえる。優先権を実現する方法が種類株の発行による方法になっているのは上記理由による。

【優先できる事項】

① 剰余金の配当

② 残余財産の分配

③ 議決権制限株式

④ 譲渡制限

⑤ 取得請求権（プットオプション）

⑥ 取得条項（コールオプション）

⑦ 全部取得条項

⑧ 拒否権条項

⑨ 役員選解任権

2　なぜ優先株式を用いたファイナンスが増えているのか

　スタートアップ企業でよく使われるモデルとして、②の残余財産分配請求権の説明が最も重要と考えられる。実務上はその他の優先事項を組み合わせた優先株式を発行することになるが、スタートアップ企業への投資時に優先株式の重要性が現れているのが②の残余財産分配請求権である。

　そもそも残余財産分配請求権とは、一般的には会社の清算時に債務を弁済した後に残る財産に関して分配を請求することができる権利のことをいい、会社が清算した際に優先的に行使できる権利を日本の会社法では想定している。ただ、スタートアップにおける残余財産分配請求権とは、M&Aで会社を売却する場合が念頭に置かれている[4]。以下具体的な機能をみていく。

---

[4]　このようなみなし清算条項の効力の有効性は論点になっているが、定款及び株主間契約書などでこの条項を定める実務運用がなされている。

▶投資家保護と会社の利益

　創業者と投資家が共に同等の価値を有する普通株式を保有していると
きの利害関係を想定するとわかりやすい。創業者が100％自己資金で資
本金を1,000万円とする会社設立をし、その後投資家がポストマネー・
バリュエーション（投資後の企業価値）を10億円と見積もり、２億円を
投資した場合を想定してみる。しばらくして、創業者が会社を売却した
いと考え、５億円で会社を売却した場合、創業者は持株比率80％として
４億円を手にし、創業時から比べると３億9,000万円の利益が出る。一
方で、投資家としては５億円の20％である１億円しか手にできず、投資
時から比べて１億円の損が生じることとなる。当然ながら、このような
会社売却に投資家が賛同するインセンティブは薄い。

　そこで、優先株式による設計を見てみると次のとおりである。同じ状
況下で仮に投資家が投資した際、１倍の参加型の優先株式を発行するモ
デルだった場合、投資家は投資額の１倍に当たる２億円を優先的に手に
した後、残りの売却額との差額を持株比率に応じてさらに配分されるこ
とになる。これが２倍の優先株式であれば投資家は投資額の２倍に当た
る４億円を優先的に手にできることになる。このようなモデルであれ
ば、同じ事例であっても、優先株式の場合、投資家も経済的利益を享受
できるため、会社売却に賛成するインセンティブが働く。

　投資家側とすれば、このような優先権を有していれば、会社売却の際
に確実に投下資金額を回収できる。投資家の利益にも沿い、創業者とし
ても設立時の1,000万円から比してはるかに多額の売却益を取得するこ
とができるため、ステークホルダー全員の利益に叶うインセンティブ設
計となる。具体的には、１倍の参加型優先株式発行の例でいえば、創業
者は３億円の80％である２億4,000万円を手にすることができる（計算
式：（５億円—投資家の優先権２億円）×持株比率80％＝２億4,000万
円）。

　以上のように、優先株式モデルの場合には創業者・投資家ともに利益

が出る会社売却によるイグジット事例において、普通株式と設計した場合には投資家は1億円もの損害を被る。普通株式で損害が生じる場合には、会社売却には賛同せず、投資家が契約書上認められた拒否権を発動させる可能性も高い。結果として創業者自身も利益を得ることはできない。

ファンドには多数の投資家がいるため、ファンドの背後にいる投資家に利益を還元できないディールに賛同するわけにもいかない。その結果、会社売却の時期を逃し、会社としてはIPOを目指すことのみに選択肢が限定される可能性がある。優先株式を用いない場合、会社としてもイグジットの選択肢が限定的となる可能性が生じてしまう。

以上からファンドに優先権を認めておく必要がある。

▶普通株式の価値の高騰を防止

優先株式モデルの重要な要素でもあるが、優先株式モデルでの資金調達において高額な企業価値の算定をベースとした調達となった場合、優先株式と普通株式の価値は異なり、普通株式の価値は優先株式より低い価額を維持することができる。

これは主にストックオプションにおいて大きな意味を有する。従業員に付与するストックオプションは、税制適格という税務上のメリットを享受するため、割当時の普通株式の価額以上の価額を行使価額とする必要がある[5]。

その他、共同創業者がいた場合、普通株式の買取価額なども優先株式の資金調達時の価額に左右されることなく決定することも可能にもなる。

以上のように、優先株式での資金調達を行うことによって、投資家側の資金回収上のメリットはもちろんのこと、結果的に、会社側が有利なバリュエーションで資金調達を行うことができる点、普通株式の価値高

---

[5]　詳しくは第5章第5節で説明する。

騰の防止によっての利益にも資することになる。

【優先株式のメリット】
・投資家保護と会社の利益のバランス
・売却によるイグジットの促進
・普通株式価値の高騰防止

3 投資契約書[*6]の設計方法

　優先株による資金調達においては、ファンドとの間で投資契約書が交わされる。投資契約書には、優先株の内容（種類株の内容）のほか、それ以外のファンドに認める権利が定められる。

　以下、優先株の内容として定められる事項や、ファンドに認めることがあり得る権利について解説する。

（1）優先分配権と参加／非参加型

　優先分配権は、会社売却した場合、その売却対価をファンドに普通株よりも優先的に得させる権利である。

　優先株式の特徴であるその優先権が、普通株式と比較して何倍の優先権を有するかの設定を行う。投資家が10億円を投資した場合、会社が清算又はM&A時において、1倍であれば投資額の1倍である10億円を優先的に回収でき、2倍であれば投資額の2倍である20億円を優先的に回収することが可能になる。

　この点は、まずはスタートアップ企業としては投資家サイドとタームシートベースで話し合うことになるため、将来の会社売却時にどのよう

[*6]　内容的に株主間契約、株式譲渡契約に記載すべき事項も、スタートアップ段階では特に契約書を分けずに投資契約書に包含して定めることも実務上少なくない。わかりやすさの便宜から特に契約ごとに分けず、まとめて説明する。

な結果になるのかを想定しながら交渉することがよい。この判断の際、抽象的に何倍かと判断するのではなく、想定する売却時期、売却額の持株比率をシミュレートし、数学的な根拠をもって交渉することとなる。

　また、一定の金額について優先的に分配の受領をし、分配を受けてもなお残額がある場合には、その残額に対して株式数に応じてなお分配を受ける権利のことを参加型という。他方、優先的に分配を受けた後は、普通株主のみが分配を受けることを非参加型という。ここでも数字でシミュレートしてみるとよいだろう。

（2）プットオプション・コールオプション

　優先株式では、種類株式から普通株式に転換する条件を付す。このうち、株主側から普通株式に転換することを請求する権利をプットオプションといい、反対に会社側から転換できる権利をコールオプションという。如何なる場合に、オプションを行使することになるかのイメージを掴んでおくことが重要である。

▶プットオプション

　合理的な株主であれば、普通株式と比較して優先的に分配を受ける権利を有する優先株式の方が価値が高いと考えるため、優先株式をあえて普通株式に転換したいと考えることはない。このような状況の中で、あえてプットオプションを行使する場合とは以下のような場合である。

　次回ラウンド時において、投資家が自ら投資した時点から比べ、低いバリュエーションで新株発行した場合、当該投資家の保有する株式が希薄化する。投資家としては、これを防止するため、あらかじめ定められた転換比率（Conversion Rate）で転換することができるよう設計しておくことが考えられる。このような転換比率が定められたプットオプションを行使することにより、投資家としては低いバリュエーションにより希薄化した株式比率を調整することができ、希薄化防止機能として発

動するオプションとなっている。

▶コールオプション

　コールオプション（会社側の権利）の場合、主に上場時が発動条件となる。上場する際には、通常、普通株式を一般株主に売却することになる。優先株式を保有する株主が残存したまま普通株式を売出しにかけることは、経営株主より劣後する株式を市場に売却することを意味する。そのため、専ら一般投資家の保護の観点から、実務上は主幹事証券会社から普通株式に転換するように指導を受けることになることが多い。このような場合に、転換条項をあらかじめ定めておき、株主との交渉により拒否される可能性をあらかじめ排除しておく機能を有する[*7]。

（3）先買権

　先買権（Right of First Refusal）とは、創業者・経営者などがその所有する株式を売却しようと希望する場合に、投資家があらかじめ経営者などから通知を受け、売却対象となる株式を買い取る機会が与えられる権利のことをいう。

　要するに、経営者らが見知らぬ者に株式を売却するのであれば、その売却前に自分が買い取るという権利を保有することになる。ポイントとしては、この先買権の権利を有する投資家をどの範囲に設定するかという設計上の問題である。マイノリティ株主である数%の持株比率しかない投資家にまでこのような先買権を与えるかという考慮と、そもそも経営株主以外の投資家には先買権を与えないという選択肢も考えられる。交渉実務上ベンチャーキャピタルからの投資契約には先買権を付けるケースも少なくないが、理論上は経営株主や持株比率を維持したい投資家

[*7]　もっとも、2014年2月19日、CYBERDYNE株式会社は、普通株式の10倍の議決権を伴う種類株式を発行したまま上場することが承認された事例がある。この点は、株主共同の利益の観点から上場審査が行われたことになる。

に与えるべき権利のため、持株比率の極めて少ない投資家にまでこのような権利を与える必要性は薄い。そのため、一定数の持株比率を有する株主に限定して先買権を与えることが理屈上はかなう。

　また、このような先買権は、複数の投資家が有することになるため、その場合は持株比率に応じて権利を行使することになる[8]。

（4）強制売却権（Drag Along条項）

　強制売却権とは、株主（主に大株主がこの権利を保有することとなる）が株式を売却する場合に、他の株主が保有する全ての株式を同一条件で株式譲渡先に売却することを強制できる権利のことをいう。

　この条項は強力な権利であり、大株主がイグジットを行いたい場合に他の株主にまで強制することができることになる。バイアウトを行う場合には、その企業の全株式を譲渡することがバイアウトの条件となるときもあり、少数株主が一部でも反対したときにはそのディール自体が消滅してしまう懸念があることから、このような権利設定が生まれた。投資家からすれば、良い売却先が見つかった場合に、経営者が自己利益を守るために反対するような場合を一義的に想定している。スタートアップ経営者がこの条件を求められた場合、これを受け入れるのは要件が適切に限定されており、かつ、ファンドに当該権利を認める必要性が大きい場合に限るべきである。

（5）共同売却権（Tag Along条項）

　共同売却権とは、創業者／経営者等の経営陣らによる株式売却をする場合、投資家も経営陣と同一条件で第三者に売却できる権利のことをいう。

　ここで想定する場面とは、創業者／経営者らによってバイアウトを図る場合に、その株式売却にその他の投資家も参加する場面である。共同

---

[8]　そのほかにも先買権の一部行使を認めるかといった実務上では論点になる。

売却権を保有する投資家の選択肢としては、拒否権や先買権を行使してバイアウトをストップするか、このようなディールに乗って自らもイグジットを果たすことが考えられる。契約交渉上は、拒否権や先買権を得ることができずとも、この共同売却権は保持したいと要求することも不合理ではない。バイアウト時には基本的には投資家も共に買い手側に共同売却することが前提となる場合が多いが、イグジット機会を逃す可能性もあるため、契約上の権利として確定しておきたいと考える投資家心理も理解できる。

（6）表明保証

　表明保証とは、経営株主又は会社が投資家に対して一定の事実が真実であることを表明し、保証することをいう。投資家としては、スタートアップ企業に投資するにあたって、会社の状況を把握するためにデューデリジェンスを行うものの、一般的には時間が限られた状況の中で会社の状況を全て把握することは困難であり、基本的には会社から提出された情報を前提として投資判断を下すこととなる。そのため、その情報に虚偽があった場合や重大な情報を黙秘していた場合には、投資家は価値の低い会社に投資したこととなり、投資額を大きく毀損することとなってしまう。

　そのため、投資家としては、このような虚偽情報や会社を毀損する重要な事実が発覚した場合には、投資額を回収できる権利を有しておきたいと考えるのは通常であろう。どこまでの事実を会社や経営株主に保証してもらうかは正解がないが、会社の根本となる事実に関しては基本的には全て表明保証してもらうことがよいであろう。経営者としても投資いただく上で当然となる事項は表明保証すべきであるといえよう。

【表明保証の対象となる事実】
・契約の締結及び株式の発行を行う権能を有していること
・契約の締結及び株式の発行に際する一切の手続きを適法に行って
　いること
・株式に関する事実が正確なこと（発行可能株式数、発行済株式数
　など）
・株式に何らの担保が付されていないこと
・会社の根本となる事実が正確なこと（定款、株主名簿、登記簿情
　報など）
・会社の財務諸表が正確なこと（BS、PLなど）
・会社に現在裁判手続きがなされていないこと
・反社会的勢力と何らの関係もないこと　など

▶表明保証できない事実はどうすべきか

　投資契約の交渉を行うに当たり、会社として表明保証できない事実が
あった場合にはどうすべきかを解説する。まず、契約上の範囲が広すぎ
て安易に保証できないという場合がある。例えば、「会社に現在何らの
裁判上の手続きが継続されておらず、又はユーザーから何らのクレーム
もなく、そのおそれもないこと」といった条項である。裁判上の手続き
については継続の有無を認識しているものの、ユーザーからのクレーム
のおそれがあるかないかは断定することはできず、インターネットサー
ビスを提供している以上、常にクレームの可能性自体は存在するという
場合もあろう。投資家側としては広めに表明保証をしてもらうに越した
ことはないためこのような文言となっているが、広範囲にわたる内容を
表明保証することはサービスの性質上難しいことを伝え、「会社に現在
何らの裁判上の手続きが継続されていないこと」といった限定的な文言
とすべきであろう。
　次に、上記のように広範囲であるがゆえに保証できないのではなく、

明確な違反があるような場合も実務上多く存在する。また、デューデリ
ジェンスにより会社側の違反事由が発覚するような場合も想定される。
このような違反事由の発覚時には、表明保証違反から除外すべく、「た
だし、…の場合は除く。」との文言を挿入することになる。会社側とし
ては、このような違反事由は投資家側にばれたくないことから正直に申
告できないとの心情は理解できなくもないが、こういうときこそ効力を
有するのが表明保証違反であり、投資契約締結後に発覚した場合には株
式投資の引上げができることとなる。会社側としては当然であるが正直
に申告し、契約書上も反映すべきであろう。

（7）契約違反時の買取条項

　買取事由が満たされる場合に、会社・経営株主に投資に基づく株式を
連帯して買い取るよう請求できる条項を入れることとなる。このような
買取条項の事由が広く付されることになると借入と実質的には変わらな
いこととなる。

　このため、買取事由は論点となりやすい。一般的には、契約違反があ
る場合や、株式上場の要件を充足しているにもかかわらず、株式市場に
上場しないことも買取事由になっている場合などがある。投資家として
は投資企業が成長することができない結果、キャピタルゲインを享受で
きないのであれば自らの目利きが的確でなかったこともあり納得もでき
るが、上場できる要件を充足しているにもかかわらず、上場を選択しな
いのであれば、せめて投資した金額を上回る価額で株式を買い取っても
らいたいとの心理が働く。会社側としては、将来会社が成長した際に、
株式上場が適切でない時期に上場を義務付けられる条項はなるべく避け
たいと考えるため、同条項は削除で交渉するか、投資家としてはキャピ
タルゲインを享受できればよいため、会社売却の方が適切な場合には株
式上場でなく、会社売却を選択することができるような規定にしておく
べきであろう。

　また、交渉実務上、論点になる機会が多い条項は、株式買取時の価格である。株式価格の算定基準としては、株式の取得時の価格、直近の株式取引価格、「類似業種比準価額方式」に従い算定される価格、簿価純資産を基準とした価格など、様々あるが、これらの内、投資家が選択した基準に従い買取請求を行使できる契約条件となることも少なくない。あくまで会社側の契約違反時の罰則条件的な意義が強いため、投資家側が選択できるという条件も一概に不合理とはいえない。会社側としては、双方が選任した公認会計士が算定した価格といった条件で提案することも多い。

（8）資金使途

　投資契約においては、出資された金額の資金使途が限定されている場合も多い。投資家としては、サービスの向上を期待して投資する以上、極端な話、投資金額の全てをオフィス賃料に使用されては困る。そのため、投資の前提となった事業計画に従って投資金額を使用する限定を付すことも合理的といえる。

　最近では、オフィスを豪華にすることも優秀な人材の確保という観点で重要といえるが、投資金額の内、合理的な金額に留めるべきであり、際限なく経営者の自由な裁量で投資資金を使用すべきでないとの考えも理解できる。

（9）役員・オブザーバー

　投資家側から、社外取締役として取締役会に人員を派遣する条項を付けることも多い。投資家側とすれば、後述の報告義務のみでは会社経営の重要な状況を把握することが難しくなることもあり、投資家側の経験ある人材を取締役として派遣することで定期的に経営者と論議する機会があり、取締役会を通して会社の適切なコントロールを図ることができると期待される。

　会社側としても、経験ある人員に取締役会へ参加してもらうことで、自社以外の経営者の経験値を自社に取り入れる機会となる。もっとも、当然ながら取締役会における議決権を有することになるため、多数のベンチャーキャピタルから出資を受け、どの投資家からも派遣取締役を受け入れているような場合には、投資家側が派遣する人員が多数を占める事態も形式的には考えられるため、どの投資家からどの程度の人数を受け入れるのか考慮する必要がある。一般的には持株比率で決定することとなり、エンジェル投資家を除き、数パーセントの出資の場合にはこのような派遣取締役の条項は削除することが一般的といえよう。

　また、取締役としてではなく取締役会に参加し、会社経営状況を適時に把握する趣旨から、取締役会にオブザーバーとして参加することもある。そのため、マイノリティ出資の場合、取締役ではなくオブザーバーとしての参加が提案されることも実務上ではよく取られる。会社側としてどのように取締役会を運営していきたいかにも関わるため、よく検討するとよい。

(10)　投資後の義務

　投資家としては投資する前提として、その投資先から法令遵守されていることを表明保証してもらったとしても、投資後法令違反が起こってしまっては意味がない。そこで投資後といえども、会社の価値が毀損されることにもなるため、法令違反を行わないよう義務づけられることがある。

　一般的には、法令又は定款違反をしないこと、経営情報の報告義務、経営者の専念義務、反社会的勢力と関係しないことなどを最低限定め、個別的に特約事項として義務を追加していく交渉をすることとなる。

(11)　事前承諾義務・拒否権

　事前承諾義務・拒否権とは、たとえ経営陣がある事項を決定したい場合であっても、それを有効にするためには投資家の承諾が必要というも

のである。

　事前承諾義務・拒否権としてどのような事項が定められるのかは、投資家との交渉になる。会社の自由な意思決定が阻害されることになるので、広く事前承諾義務・拒否権を認めてしまうと、会社の運営に重大な支障になる。

　反対に、投資家の立場を見ると、多額の資金を会社に出資する以上、株式価値を毀損する意思決定を経営者が取ることは避けたい。とりわけ投資家として気にする事項は、投資した対価として得た株式が希薄化することにある。合理性ある新株発行であればまだしも、万が一、自らの経営権を盤石にするためだけに新株発行を行うのであれば、そもそも投資した意義に乏しくなる。

　そのため、契約書上では、このような投資家の持株比率を希薄化させる意思決定を行う場合、投資家の事前の承諾なく行うことはできない旨が定められることがある。投資家としても、追加の開発資金を得るための次回ラウンドでの第三者割当増資などについては、不合理に低バリュエーションである場合などを除いて、承諾する実務運用がなされている。

　株式の希薄化事由としては、ストックオプションの発行も主に争点となる。発行時点では潜在株式であるが、行使することにより投資家の持株比率は薄まるため、同じく株式の希薄化事由となる。会社としても多額の資金調達を行うことができるわけではないため、投資家の承諾を得られない場合があろう。この点、経営者としては今まで会社を育ててくれた従業員に会社の成長インセンティブであるストックオプションを付与し、中長期的にさらに会社に帰属してほしいと考えることも多い。投資家としても一律にストックオプションの付与に拒否権を行使するわけではなく、会社の成長に必要な人材に対して適切な量の付与であれば許容することも少なくない。事前の確約が難しい領域でもあり、実務上は会社の持株比率の内、10％までは会社の自由な裁量によりストックオプ

ションを付与でき、これを超える量の付与は事前承諾事項とするような設計に落ち着く場合もある。

　そのほか、会社の重要な決定事項についても、一般的に事前承諾事項と定められる場合が多い。投資した前提が異なる事由となることから、事前承諾とすることも合理性があると考えられる。合併、会社分割、株式交換、株式移転等の組織再編事由や事業譲渡、会社の解散、代表取締役の変更といった事由が列挙されることとなり、このような場合には事前に投資家に確認をとる実務運用がなされているため、契約書上もその旨反映することに合理性がある。

（12）報告義務

　前述のような事前承諾事項が投資家の有する拒否権であるとすれば、報告義務は、投資家が投資した会社の状況を把握しておくべき点が重要となる。大きく分け、事前報告義務と事後報告義務に大別されることとなる。

▶事前報告義務

　投資家として拒否権を行使するほどの会社の根本事由でないながらも、これに類する事由については、場合によって事前に協議できるよう、事前に報告をもらう事由を定める必要がある。これも特段論理的必然性はなく、投資スタンスや投資額、持株比率などの個別性に左右される事由であるが、役員の変更、業務上重要な提携又はその解消、定款変更、主要取引先の変更、利益相反取引といった会社の重要な決定事由が列挙されることとなる。中には、新規採用についても事前報告事由と定める場合もあり、会社としてこのような手続きが合理的かを考えて定める必要性がある。

▶事後報告義務

　事後報告事由としては、事前に報告することが困難でありながら、事前報告に列挙した事由と同等の重要性を有する事由を定めることとなる。例えば、訴訟が提起された場合、会社の財産に仮差押命令が申し立てられた場合、行政庁による処分がなされた場合、主要取引先から取引停止を受けた場合など、事前に予期することが困難ながらも重要な事由については事後報告をすることとなる。投資家としては、このような報告を受け、対処法について協議する可能性が与えられることと同時に、会社運営のプロセスに問題がなかったかを検証する機会にもなり、その後の経営者との距離感にも影響を与える事由を共有させる意義は大きいとみられる。

　また、報告義務としては、会社の財務諸表の事後報告も、会社を監視・監督する機能として大きな意義を有することとなるが、契約書上は投資した会社の経理状況を適切に把握した上で、会社運営の妨げにならないよう現実的な報告義務に落とし込むことが求められよう。会社設立1年も満たない会社への投資ながらも、上場会社レベルの経理体制が要求されることは現実的ではない。時期に応じた投資契約書の定め方をすべきであろう。

第 5 節　コンバーティブルデット・コンバーティブルエクイティによるファイナンス

1　シードステージのスタートアップ企業のファイナンス

　スタートアップ企業のファイナンスとしては、これまで説明してきたエクイティファイナンスが主要なものとなる。しかし、シードステージのスタートアップ企業が普通株式を発行しようとすると低いバリュエーションとならざるを得ず、経営株主の持株比率が低くなりすぎてしまうという難点がある。

　また、優先株式での投資手法では、優先株式を発行するための定款変更、新株発行手続きとして株主総会の開催等の手続き、投資契約書の作成といった優先株式発行に係るコスト、またバリュエーションを算定するための評価・デューデリジェンスなどを行う必要があり、ある程度の時間や費用を要することになる。これに加え、優先株式の発行後は、種類株主総会の開催等の手続きも要することになり、スタートアップ企業としては、比較的小規模のファイナンスのためにこのような負担を引受けることは容易ではないケースがある。

　投資家の立場からは、スタートアップ企業のバリュエーションは将来への期待値により求められるため、シードステージのスタートアップ企業のバリュエーションの算定が困難であるという現実もある。将来性が不確実なシードステージのスタートアップ企業にあえて投資したにもかかわらず、後で優先株式による投資を行った投資家に劣後するというリスクがあっては容易な投資に踏み切れないこととなる。

　そこで、このような優先株式での投資を受ける前の橋渡しとなる種々の手法（ブリッジファイナンス）が検討されてきた。すなわち、優先株式によるファイナンスよりも迅速・簡易に、かつ早期にリスクを引き受けた投資家の利益を確保する方法が求められた。

　この手法として、コンバーティブルデット、コンバーティブルエクイ

ティが挙げられる。

2　コンバーティブルデット

（1）コンバーティブルデットの基本

　コンバーティブルデットとは、投資家からスタートアップ企業への貸付けであり、将来に優先株式等でのファイナンスがされた場合に、そのファイナンス時のバリュエーションに基づいて貸付金を株式に転換するという設計をするファイナンス手法である。具体的な実現方法としては、新株予約権付社債を発行する方法や、金銭消費貸借契約に転換合意を付す方法などがあり得る。

　投資家としては、将来のファイナンス実行時のバリュエーションに基づいて貸付金を優先株式に転換することができるように設計するため、コンバーティブルデットでのファイナンス時（貸付時）には、厳密なバリュエーションの算定を行う必要がなくなる。

　また、投資家は、後述するように、優先株によるファイナンスが実行され貸付金を転換する際に、後で優先株式等によるファイナンスを行う投資家よりも有利な取扱いになるようにコンバーティブルデットの条件を交渉することがあるため、このような条件で合意される限り、シードステージという将来性が不透明なスタートアップ企業への投資も積極的に行うことができる。

　このような背景から、シードステージのスタートアップ企業であっても投資家から積極的なファイナンスを行うことができることとなるため、このようなファイナンス手法が採用されることがある。

（2）コンバーティブルデットで定めるべき条件

　コンバーティブルデットでの主要な条件を以下、解説する。

①　貸付金額

　貸付金額は、コンバーティブルデットでスタートアップ企業が調達することができる金額になる。スタートアップ企業の資金ニーズから定められる。

② 利息・担保の有無

　一般的な貸付けにおいては、利息・担保の有無・内容は重要な条件となるが、スタートアップファイナンスとして行われる場合、一般に利息は無利息とされ、担保も付さない。

③ 転換条件

　貸付金を株式に転換するための条件を定めることとなる。例えば、株式の発行により総調達額〇円以上の資金調達を行うことなどが条件とされる。

④ 転換価額

　転換価額は、転換条件が満たされた場合に、投資家の貸付金に対し1株いくらで転換するのかを定めるものであり、投資家が何株を得られるのかを決める基準となる。例えば、投資家が400万円のコンバーティブルデットを有する場合に、転換条件を満たす資金調達が行われ、1株当たりの株価が50万円と算定されたケースを考える。このケースにおいて、転換価額が「転換条件を満たす資金調達における1株当たりの株価と同額とする」旨定められている場合、投資家は、コンバーティブルデットを株式に転換して8株（貸付金400万円÷転換価額50万円＝8株）を得ることになる。このように、投資家が得られる株式数は、貸付金÷転換価額で定めることができる。

　このような転換価額について、ディスカウントレート（Discount Rate＝割引率）を定める例がある。例えば、転換価額について、先のケースとは異なり、「転換条件を満たす資金調達における1株当たりの株価に0.8を乗じた額とする」旨を定める場合を考える。この場合、投資家は、コンバーティブルデットを株式に転換して、10株（貸付金400万円÷転換価額40万円＝10株）を得ることになる。このよう

にディスカウントレートを定めると、投資家は、後に投資した投資家よりも有利な条件で株式に転換することができる。

　また、転換価額について、バリュエーションキャップ（Valuation Cap＝バリュエーションの上限額）を定める例もある。転換価額は「将来の資金調達における1株当たりの株価」を基準に定められるため、転換条件を満たす資金調達時にバリュエーションが高騰する場合、これと連動する転換価額も高騰し、投資家が得られる株式数が少なくなってしまう。この場合、投資家は、コンバーティブルデットを株式に転換しても、僅かな株式を得られるに過ぎなくなる。そこで、投資家は、自らが得られる株式数を確保するために、転換価額を算定する際のバリュエーションに上限額を設け、転換価額の高騰を避けることを望むことになる。転換価額の上限額が固定化されるため、バリュエーションキャップを設けることは、投資家に何株を与えることになるのかの下限を定めることになる。

　これらディスカウントレートや転換価額については、基本的に投資家の利益のために付される条件であるから、スタートアップ企業としては、このようなディスカウントレートやバリュエーションキャップを認めるのか、認めるとしてどの程度にするのかについて、資本政策を踏まえて十分に検討しなければならない。

⑤　転換期限

　貸付金を株式に転換することができる期限を定めることとなる。転換期限中に、転換条件を満たさない場合には、スタートアップ企業は、貸付金を返済する義務を負うことになるが、そのような事態になっている場合、返済する原資がないことが通常である。そこで、転換期限までに転換条件が満たされない場合には、いつでもバリュエーションキャップにより転換することができる旨の設計にすることもあり得る。

（3）コンバーティブルデットの問題点

コンバーティブルデットの手法によるファイナンスの問題点としては、あくまで借入という負債である点が挙げられる。スタートアップ企業からみれば、コンバーティブルデットは、BS上「負債」に計上されることになる。シードステージの段階にあるスタートアップ企業は、資産に乏しいため、コンバーティブルデットによるファイナンスにより、債務超過状態に陥ることになる。（実際に行われるかはさておき）法律上は債権者による破産申立てが可能になり、取引先の与信上、問題視される弊害もある。

また、コンバーティブルデットは、借入であるため、スタートアップ企業は法律上の返済義務を負うという点も無視できない。実務上は、コンバーティブルデットによる借入について、スタートアップ企業に対して返済を求めないものであるという常識があるものの、それは保証されたものではない。

3 コンバーティブルエクイティ

（1）コンバーティブルエクイティ

コンバーティブルデットの手法には前述の問題点があるため、このような問題点を解消しつつコンバーティブルデットと同様にバリュエーションを先送りしつつ資金調達を可能とする方法が検討された。

コンバーティブルエクイティとして、このような方法が実現される。具体的には、有償新株予約権による方法が挙げられる。以下、簡潔に紹介する。

（2）有償新株予約権による手法

コンバーティブルエクイティを実現する手法としては、主に、有償新株予約権を付与する方法が一般化している。

　具体的には、スタートアップ企業は、新株予約権を有償で発行することにより資金を調達する。そして、将来に一定規模の資金調達があった時に、新株予約権を行使価額1円で行使できるというものである。

　新株予約権の設計として、前述したコンバーティブルデットと同様の条件を定めておけば、コンバーティブルデットと同様のメリットを享受できる。また、スタートアップ企業が発行するのは新株予約権であるため、コンバーティブルデットのように負債ではなく資本として計上される上、返済の義務があるものでもなく、コンバーティブルデットのような問題点も存在しない。

　手続きとしては、投資家との投資契約に係る条件交渉と、新株予約権の発行手続き（株主総会等の開催や登記手続き等）を要することになる。

　Coral Capitalは、有償新株予約権を実現する投資契約書の雛形として、「J-KISS」を公開しており、同雛形での投資案件が浸透している[9]。当然ながら、あくまで雛形であり、個別に検討が必要なケースはあるものの、これによりスピーディかつ積極的なファイナンスが実現されることは有用であろう。投資家に対する理解も広まっているため、スピーディーなファイナンスを実現できる。

（3）有償新株予約権の設計

　J-KISSによる有償新株予約権の設計は、前述したコンバーティブルデットと同様である。このため、コンバーティブルデットの各説明を理解してもらいたい。

　J-KISSは、シリーズAに到達する前に、つなぎの資金調達として利用される。

　J-KISSによる投資を受ける場合、多くの場合、契約条件の細かい契約交渉は行われない。転換価額や、評価上限額等の条件によって、将来的

---

[9]　https://coralcap.co/j-kiss/

に投資家に割り当てられる株式数は大きく変わる。

　このため、スタートアップ企業は、シミュレーターを用いて、いつ、どのような条件で、どの程度の株式を投資家に割り当てられるのかについてシミュレーションして十分に理解しておく必要がある。この場合、転換価額や、評価上限額等について、交渉上あり得る数値を様々検討し、投資家と慎重に交渉することが必要である。

第4章

最新のベンチャービジネスと法規制の概要

Legal Guide for Startup

第1節　スタートアップ企業のビジネス領域の拡大

　最近注目を浴びているビジネス領域として、Web3.0、人工知能技術（Artificial Intelligence、AI技術）、FinTech、ロボット技術、IoT等が挙げられる。これらのビジネス領域は、既に社会に欠かせないビジネスにまで発展しつつある。

　もっとも、ビジネス領域の拡大によって、既存の法律・倫理と抵触する場合は少なくない。既存の延長線上では解決できない問題を解決しようと試行しているのであり、既存の法律・倫理が抵触することは当然といえば当然である。このような法律・倫理に一律の正解はなく、法律上の運用が、変革を及ぼす技術・ビジネスの障害になるケースは人類の歴史からみても幾度となく繰り返されてきたと考えられる。

　テクノロジーの発展においても、このような倫理との障害は各所で起こり続けている。例えば、人工知能の発達は、人類を滅ぼす可能性があると理論物理学者であるスティーブン・ホーキンス博士、テスラ・モーターズCEOイーロン・マスク氏らが言及しており、人工知能を利用した兵器開発の規制を行うように提唱している。技術革新が人類に害悪を及ぼす可能性のある顕著な現代的問題点の1つといえよう。このような問題としては、人類が生物を生み出すクローン技術革新も一昔前から議論の対象となっている。倫理観はさることながら、現実的な規制の在り方はいまだに議論がされ続けている。

　これらの例をみても新しい技術革新と規制の在り方の問題は難しい。答えはないが、指針はある。難しいからといって議論をストップさせては、人類に害悪を生み出す可能性と同時に、人類に幸福を生み出す可能性のあるビジネスを殺してしまう結果になりかねない。人類が技術革新によって幸福価値の最大化を生み出してきたことには間違いがない。議論を先に進めるためにも、これらのベンチャービジネスに対してどのよ

うな規制が存在しているかについて解説し、その対応方法を説明していく。

第2節　NFT（Non-Fungible Token）

1　NFTとは

ブロックチェーン技術を活用して発行されるNFT（Non-Fungible Token）も注目されている。NFTとは、「非代替性トークン」をいい、改ざん等によって代替できない識別記号のことである。このNFTを付することにより、その付されたものが唯一のものであることを証明可能になる。例えば、デジタルデータは、いくらでも複製が可能であるため、オリジナルのデジタルデータとコピーとの違いは存在せず、存在したとしても区別できない。しかし、NFTを付すことにより、NFTが付されたデジタルデータを識別できることになる。

アート作品や、スポーツ選手、ゲーム上のコンテンツ等にNFTを付すことによってそのデジタルデータの希少性を確保することができる。デジタルアーティストBeepleのNFTアート作品に約75億円の価値がついた例をはじめとして、高額で取引される例も多い。

2　NFTと法律

NFTは新しい概念であるため、既存の法令の中にNFTを想定した規律があるわけではない。このため、NFTに関するビジネスを実施する場合には、民法や著作権法など、既存の法令の枠組みにおいてどのような位置づけになるのかを整理する必要がある。

例えば、NFT化されたアート作品を流通させるNFTプラットフォームビジネスを想定すると、アーティストによるNFTの発行、NFTの販売者と購入者間との取引等が生じる。この取引が法的にどのような意味を有するのかを整理し、適切に規約に落とし込む必要がある。

具体的には、例えば、アーティストのアートに対する著作権にはどの

ような影響を与えるのか、購入者が「NFT化されたアートを購入する」ことによって購入者はどのような権利を有することになるのか（購入者は著作権を譲り受けたり、ライセンスを受けたりするのか）、購入者がNFT化されたアートを保有するとはどのような意味を持つのか、などについて整理して規約・ガイドライン等に落とし込むことが必要であろう。

3　NFTゲームと法律

　また、NFTのように新しい概念によって新しい法律問題を生じさせることもある。

　例えば、ゲーム内で使用できるゲーム内アイテムにNFTを付したNFTアイテムをブロックチェーン上で取引できるゲーム（いわゆるブロックチェーンゲーム）において、NFTが付されたアイテム等を有償のガチャ（ランダムのくじのような方法）で取得できる設計を採用することを想定する。

　NFTは、プラットフォーム上で流通可能なものであるため、このようなNFTを有償で取得できるガチャの設計は賭博に該当する可能性がある。

　賭博罪（刑法185条）の「賭博」は、①偶然の勝敗により、②財産上の利益の得喪を争うこと、の2点を満たすものを意味しているものと理解される。

　NFTではない一般的なガチャは、ゲーム内で使用できるアイテムに過ぎず換金性がなく、かつ、販売価格の方をより高額に設定するなどをするため財産上の利益の得喪がない。このため、賭博には該当しないと理解される。

　他方、NFTは、一般的なガチャによるアイテムの付与と異なり、NFTプラットフォーム上で換金可能であるから、ガチャの購入価額よりも低

額のアイテムを取得することによって損をする可能性があり、賭博に該当する可能性がある。もちろん、個別的なビジネスモデル次第では、ガチャの購入者が損をしないように設計することによって賭博に該当しないという評価もあり得る。

　このように、新しい概念が生まれることによって既存のルールとは異なる規律がされる可能性があることに留意しなければならない。

FinTech

1　FinTechとは

　FinTechは、Finance（金融）とTechnology（技術）を合わせた造語である。インターネットをはじめとするITを用いて、決済、送金、投資、融資、保険等の金融業界のサービスを提供することにより、金融業界を大きく変革する可能性を持つビジネス分野である。このような背景を踏まえて、スタートアップ企業による参入も多い。

　日本でも2017年まで仮想通貨の価格が高騰し、一般に注目を集めていたが、2018年１月、仮想通貨交換業者のコインチェック株式会社が保持する仮想通貨NEMがハッキングにより外部に流出するという事件が生じ、社会的に相当の注目を集めた。この事件を受けて、金融庁が仮想通貨交換業者に対する検査を行ったところ、内部管理体制が不十分である実態が判明し、コインチェックを含む複数の仮想通貨交換業者に対し行政処分を行った。現在でも、仮想通貨のイノベーションと、利用者保護の在り方は議論の最中である。もちろん、仮想通貨交換業はFinTechの一分野であるに過ぎないが、本件は、他のFinTechビジネスにも大きな影響を与えている。

2　FinTechサービスと法規制

　従来から、金融分野のビジネスについては、消費者保護のために各種業法による厳格な法規制が存在している。FinTechサービスを行う場合には、これら業法への対応を検討することが必須となる。

　典型的なサービスと関係する主要な業法を示すと以下のとおりである。

保険サービス：保険業法

送金サービス：銀行法・資金決済法
融資サービス：貸金業法
投資サービス：金融商品取引法
決済サービス：資金決済法・割賦販売法

3　送金サービス

　資金需要がある者に資金提供者から資金を集めるサービスが多く展開されている。典型的なのは、JAPANGIVINGが提供するような寄付型（投資者にリターンがない形式）のクラウドファンディングである。

　このような送金サービスは、「為替取引」として、銀行法上の「銀行業」又は資金決済法上の「資金移動業」に該当する可能性がある。この「為替取引」とは、「顧客から、隔地者間で直接現金を輸送せずに資金を移動する仕組みを利用して資金を移動することを内容とする依頼を受けて、これを引き受けること、又はこれを引き受けて遂行することをいう」（最決平成13年3月12日刑集55巻2号97頁）とされる。

　これに該当するような資金の移動については、銀行法上の免許又は資金決済法上の登録の上で、それら法令を遵守することが必要となる。スタートアップ企業としては銀行法上の免許を取得することは現実的ではないため、為替取引については資金移動業の登録をして行うことになる。

4　決済サービス

　前述した送金サービスと類似するサービスとして、決済サービスがある。例えば、メルカリ等のように取引プラットフォームを提供する事業者は、そのサービスの1つとしてユーザー間の決済を行っている。

　このような決済サービスが前述の「為替取引」として法規制に服する

べきかについては議論があるものの、現在の実務では、「為替取引」には該当しないとされる。このため、スタートアップ企業としては、いかなる設計であれば「為替取引」に該当しないのかを把握した上で、適切なサービス設計をすることが必要となる。

　このような決済サービスは、プラットフォームのユーザーである代金支払者・代金受領者間の資金の移動をプラットフォーマが手伝うことになる。しかし、単純な送金（為替取引）ではなく、プラットフォーマは、代金受領者から取引により生じる債権の弁済を代理で受領する権限が与えられる。プラットフォーマは、この権限に基づいて、代金支払者から弁済金を受領する。この上で、プラットフォーマは、代金受領者との約定に基づいて、代わりに受領した代金を送金することになる。為替取引との大きな違いは、代理受領権限が与えられていることにある。このため、プラットフォーマが代金支払者から代金を受領した時点で、代金支払者が代金受領者に対して負う金銭債務が消滅することになる。このような決済サービスを行うためには、上記の法律関係を踏まえた上で、利用規約等において、プラットフォーマ・ユーザー間の権利義務を明らかにする必要がある。

5　投資サービス

　AIを用いた投資サービスとして、ロボアドバイザーがある。ロボアドバイザーは、アルゴリズムに基づいて自動的に資産運用をするサービスである。代表的なサービスとして、THEO（お金のデザイン）や、WealthNavi（ウェルスナビ）などがある。

　従来、このような資産運用は、プロのアドバイザーのコンサルティングを受けて行い、高額なコンサルティング報酬を支払わなければならなかったところ、ロボアドバイザーであれば、安価な費用で、ユーザーに合った投資信託の提案や、運用プラン等の提案を受けることができる。

　ロボアドバイザーとして、どのようなサービスを提供するのかにより必要な許認可は異なる。ロボアドバイザーは、株式や投資信託等を取り扱い、これらは「有価証券」（金融商品取引法2条1項）に該当する。ロボアドバイザーが行うことが、有価証券の価値や投資判断に関する助言に留まり、実際の取引はユーザーが行う場合、投資助言・代理業の登録が必要となる[*1]。これを超えて、実際の取引をも業者が行う場合、投資運用業や第一種金融商品取引業の登録が必要になる。これら投資運用業や第一種金融商品取引業の登録は、最低資本金5,000万円、取締役会・監査役を設置した株式会社である等といった登録要件が厳格であり、スタートアップ企業が容易に参入できるものではない。

[*1]　有償で行う場合

第4節　IoT

1　IoTとは

　IoT（Internet of Things）とは、あらゆる「モノ」がインターネットを介して繋がり、新たな価値を創造するというコンセプトを意味する。2000年代に、「いつでも・どこでも・何にでもインターネットに繋がる」というユビキタス・コンピューティングという概念が流行したが、IoTは、このような概念を現実にしようとしている。現在、IoTは、物流、ヘルスケア、小売、設備管理、交通インフラ、エネルギーをはじめとして、多様な分野での活用が進んでいる。先に見たFinTechビジネスとも親和性が高く、例えば、自動車の運転技術に応じて自動車保険の保険料を変動させるFinTechサービスは、IoT技術を活用して実現することになる。

　IoTの構成要素を分析すると、①センシング、②解析、③フィードバックという３つの要素として整理されることが一般的である。①センシングとは、家電や自動車、家、人の身体などモノに取り付けたセンサーを通じて、モノに関するデータを取得することをいう。②膨大なデータ（ビッグデータ）は、クラウドに蓄積され、AIなどにより解析される。③解析されたデータによって、フィードバックをもたらす。フィードバックは、モノの状態を知ることができる（監視）、モノの変化を知ることができる（通知）、モノの状態を操作できる（制御）、モノを自律的に動作させる（自律化）などといった類型に分類でき、これにより様々な便益を受けることが可能になる。

2　パーソナルデータに関する法的問題

　あらゆる機器がIoT化することによって、個人に関する情報（パーソ

ナルデータ）が多様かつ膨大に収集され、活用される。

　とりわけ、IoTの重要な価値の１つは、フィードバック段階において、ユーザーカスタマイズされた情報を提供できることにある。ユーザーカスタマイズされた情報を提供するためには、可能な限りユーザーを分析することが有用となる。そのため、通常知られることがない範疇の情報（例えば、生活リズム、健康情報など）を収集するインセンティブが働く。そのような通常知られることがない情報を収集・利用すればするほど、ユーザーの権利利益を侵害するリスクが高まる。IoTを活用してパーソナルデータを取り扱う際には、十分な検討を要する。その際には、個人情報保護法の遵守、プライバシー権の保護といった観点も必要となる。

　まず、個人情報保護法をみると、IoTにおけるデータの共有化・オープン化の観点において、配慮が不可欠である。「個人情報」（個人情報保護法２条１項）に該当する情報には、原則として、第三者に提供することができないという制限（同法27条１項）が課される。データを共有して利活用するためには、①本人から同意を得る（同項柱書）、②オプトアウト手続きをとる（同条２項）、③委託として提供する（同条５項１号）、④特定の者との間で共同利用する（同条５項３号）といった方法をとる必要があり、これらの手続きのメリット・デメリットを踏まえて適切な方法を検討しなければならない。

　また、個人情報を加工して「匿名加工情報」とすることにより、本人の同意なくその匿名加工情報を利用することや第三者提供することができる。このためには加工の方法に関する義務や、公表義務等の必要な法的プロセスがあるため、これを適切に遵守する必要がある。

　次に、プライバシー権の保護を概観する。プライバシー権は、個人情報とは異なり、法令に定義があるものではなく、裁判例によって認められた権利である。一般に、プライバシー権による保護の対象となる情報は、①私事性、②秘匿性、③非公知性を充たす情報であると整理され、

個人情報のように特定の個人識別性（誰の情報であるかが特定できること）は問題にならない。このような情報を公開する場合や、無断で収集したり、利用したりする場合もプライバシー権の侵害と評価され得る。

プライバシー権を保護した運用を行うためには、広報活動やプライバシーポリシーなどによって、パーソナルデータの取扱いを透明化・明確化することが極めて重要である。このような透明化・明確化の方法については本人の属性や、利用態様の性質を踏まえた個別具体的な判断を要することになろう。

また、さらに一歩進んで、プライバシーを配慮したIoTの活用方法を、設計段階から組み込む「プライバシー・バイ・デザイン」という考え方も浸透しつつある。既存のIoTの活用方法を前提にしてプライバシー保護を考えるのみならず、プライバシーに配慮したIoTの活用方法を検討することも重要になりつつある。このような考え方に基づき、IoT活用の設計段階から法律専門家との協働もあり得る。

3　情報セキュリティ

FinTechビジネスにも同様の問題点となるが、情報セキュリティを確保できるのかという点は、IoTやFinTechにおいて極めて重大な課題の1つである。IoT化された機器が浸透しつつある現代においては、情報セキュリティ被害によって、プライバシー権・営業秘密などといった無形の権利利益の侵害のみならず、人の生命・身体・財産に対して物理的な損害をも及ぼし得る。

情報セキュリティが確保できずに損害を及ぼした場合、企業は、民事法上の損害賠償責任を負うほか、ビジネスの停止・事後対策コストの負担・レピュテーションの低下などといった不利益を被ることになる。

ただし、残念ながら、企業がどの程度の情報セキュリティを確保するべきであるのかについては、法令に明確な規定はない。公表されるガイ

ドラインなどを踏まえておかなければ、法的責任を追及される可能性も
あり、ガイドライン等を把握して対応することが必要となる。

第5節　AI

1 AIとは

　AI（Artificial Intelligence）を用いたサービスも近年注目される。AI
には定義があるわけではないが、人工的な知能という直訳のとおり、
「これまで人が行うことが想定されたようなアウトプットを行う人工的
なシステム」を意味しているものといえる。この定義も様々なAIを包
摂するため、単にAIといってもその能力には様々なものがある。

　2000年代からのいわゆる第3次AIブームとしてAIが注目を集めるよ
うになったのは、AIがデータから自ら学習するという機械学習の技術に
おいて、深層学習（ディープラーニング）の手法が開発されたことによ
る*2。これまでのAIは、例えば、画像の猫と犬を判別する際には、何が
猫で何が犬であるのかという判断の基準を人間が教える必要があった。
人間が教えていないことや教えられないことについては判別ができず、
これにより正確な判別は困難であった。しかし、深層学習の手法によ
り、AIは判別の基準となる「特徴量」を自ら見つけ出すことができるよ
うなった。これにより、AIの発展がさらに進むとみられている。

　AIに関連する法律問題は多様な分野に及ぶ。主には、AIが創作した
知的財産の取扱いや、AIの行為の責任主体などの問題があり得るところ
である。前者については別途第6章の知的財産の項目で紹介するとし
て、以下ではAIビジネスに関する法律問題を紹介する。

＊2　2017年5月にAI「アルファ碁」が世界最強の棋士に勝利したことは記憶に新しいが、アルファ
　　碁も深層学習を用いている。

2　AIビジネスに関する法規制

　「AIによって消える職業」など、数年後にAIによって代替される職業が特集されることがある。もちろん筆者のような弁護士も例外ではなく、弁護士業務として人しか行えないとこれまで思われた業務の一部がAIによって代替されつつあると聞くし、そう遠くない将来には弁護士は不要になるという話も聞く。

　このように、AIの能力が高まるにつれて、これまで人間しか行うことができないと思われた業務の全部又は一部をAIが提供するサービスが想定される。例えば、業として、AIが患者の診断・治療を行うことや、AIが法律相談を受けること、AIが投資の助言を行うこと等があり得る。このような場合には、それぞれ医師法、弁護士法、金融商品取引法等の業法規制を踏まえてこれら業法規制の対象にならないか、なるとしてどのような対応が必要であるのかを検討しなければならない。

第6節　法規制への対応

1　法規制の検討

　法規制を検討する際には、サービスの適法性の調査・報告について自社にて調査、又は弁護士に依頼して相談をすることになる。昨今ではスタートアップが行う事業がインターネット内で完結するビジネスモデルを超え、住居、自動車、配達などの生活に関連するビジネスに果敢に挑戦するものに拡大してきており、現在制定されている法規制との関連が今まで以上に注目されている。

　実際に世界各地域でユニコーン企業となったスタートアップ企業の代表事例であるUber、Grabなどのライドシェア、Airbnbなどの民泊など、各地域での法規制対応方法により事業規模が大きく左右する結果を生んでいる。例えばUberは日本国においてはロビー活動が結果に結びつかず、道路交通法の規制緩和にまで及ばず、配車サービスは普及していない。

　新規事業を世の中に実装するためには法規制をどう乗り越えていくのか。起業家と法律家の共同による社会実装の仕方に高い法技術力が求められるようになっている。

　そのため事業を提供開始する以前のアイディア段階から、社会実装の方法を弁護士らと協力しながら戦略を練る必要が出る。米国をはじめとした諸外国においては既存の法律と抵触する可能性があることを理解しながら社会実装する戦略で進める場面が見受けられるが、少なくとも我が国ではそのような社会実装は受け入れられない可能性が極めて高い。

　経済産業省としてもかかる新規事業の適法性診断を経済対策として重要視しており、産業競争力強化法に定められるグレーゾーン解消制度・新事業特例制度、新技術等実証制度（規制のサンドボックス）などのメニューを用意しており、スタートアップ企業においても日常的に活用さ

れるようになってきている。各制度を紹介していこう。

2　グレーゾーン解消制度

　グレーゾーン解消制度（産業競争力強化法7条）とは、新事業を行おうとする者が、その事業所管大臣に対し、事業活動を規制する法律や命令の解釈・適用の有無について確認を求めることができる制度である。グレーゾーン解消制度を利用すれば、事業所管大臣を通じて、グレーゾーンに対する政府の見解を知ることができるため、結果に応じた対応をとることが可能となる。

　グレーゾーン解消制度の活用事例としては、クラウド型生体認証サービスを提供する株式会社Liquidの例が挙げられる。同社のサービスを利用する外国人旅行者は、同社のクラウドシステムに事前に旅券のデータと指紋を登録する。これにより外国人旅行者がホテル等で指紋をかざすだけで、登録された旅券情報を呼び出すことができる。しかしながら、外国人旅行者がチェックインする際には、ホテルなどの旅館業営業者は、外国人旅行者に対し、「旅券の呈示」を求めること、「旅券の写しの保存」をすることが旅館業法及びそれに基づく通達により義務付けられた。そこで、同社のシステムを用いて旅券情報を呼び出すこと、データの保存をすることが「旅券の呈示」に該当するか、「旅券の写しの保存」に該当するかが不明確であった。そこで、グレーゾーン解消制度を利用して確認を求めたところ、いずれについても「旅券の呈示」「旅券の写しの保存」に該当すると解してよい旨の回答を得られ、グレーゾーンが解消されるに至っている。

　また、筆者が責任者を務めるクラウド型電子署名サービス「クラウドサイン」においてもグレーゾーン解消制度を三度活用した経験を有している。その内の代表事例が2021年2月5日付で公表されたグレーゾーン解消制度であり、経済産業省、法務省、総務省、財務省の連名でクラウ

ドサインが電子署名法2条1項の「電子署名」に該当することが示された。この回答はクラウドサインなどの事業者署名型のクラウド型電子署名サービスが日本で初めて電子署名法上の「電子署名」に該当すると示されたもので、業界でも注目を浴びる画期的な事例として認知されるとともに、国又は地方公共団体がクラウドサインを利用することが法的に問題ない旨が明確化され、実務的影響も与えるに至った。

このような所管庁からの回答は、自社の法的解釈で適法性を主張している状態とは社会や顧客から受け止められる印象値は大きく異なる。特にクラウド型電子署名サービスのような法的な建付けに慎重性が求められる製品であればあるほど、適法性を誰が裏付けているのかのデザインが重要となる。

実際に地方公共団体がクラウド型電子署名サービスを利用する際には、このグレーゾーン解消制度で適法性がクリアランスされている製品を選定要素に掲げている自治体も出てくるなど実務に影響を及ぼすこととなった。

3　新事業特例制度

新事業特例制度（産業競争力強化法第6条）とは、企業自らが、規制が求める安全性等を確保する措置を講ずることを前提に、企業単位で規制の特例措置の適用を受けることができる制度である。つまり、特定の企業のビジネスに対して法規制がある場合であっても、特例措置を受けてビジネスを行うことができるというものである。

活用事例としては、道路交通法及び道路運送車両法では、セグウェイの公道走行は認められていないところ、セグウェイジャパン株式会社及び東京急行電鉄株式会社による新事業特例制度の申請を受けて、二子玉川でセグウェイの公道走行のツアーが実施された例がある。

4　新技術等実証制度

　新技術実証制度（通称、規制のサンドボックス）は、AI、IoT、ブロックチェーン等の革新的な技術等の新たなビジネスモデルの実用化が現行規制との関係で困難である場合に、これらの新技術等を実用化しようとする事業者が、主務大臣の認定を受けて実証を行い、それにより得られたデータを用いて規制の見直しに繋げる制度である（産業競争力強化法6条）。

　政府が革新的な新事業を育成することを目的とした規制緩和策であり、現行の法規制を一時的に停止し、現行の法制度が想定していないサービス等について企業が当局と連携しながら試験的に事業を進めつつ、それにより生じる問題を検討するという仕組みである。

　道路交通法及び道路交通法施行規則では、電動キックボードの利用にあたってはヘルメットの着用が義務付けられているところ、株式会社Luupによる新事業特例制度の申請を受け、車体の大きさ及び構造等について一定の基準内の特例電動キックボードの公道上の通行について、特例措置としてヘルメットの着用を任意とするものがある。

　また、薬機法では自動販売機により一般用医薬品を販売することはできないところ、大正製薬株式会社の申請を受け、IoT化された自動販売機で法令上必要な確認がされること、薬剤師又は登録販売者による店舗と同等の管理がされることに基づき、自動販売機による一般用医薬品の販売を認めるというものがある。

5　ロビイング

　昨今ではスタートアップ企業も積極的にロビイング活動を行っている事例も目立つようになってきた。

　従来まで日本のスタートアップ企業は政府や所管庁に対して自らに利害のある事業の政策提言などを積極的に行ってこなかった。インターネ

ットという概念自体が従来までのビジネスと一線を画し、新しい概念だったこともあり、規制の存在がないままに事業を継続できていたことにも関連する。しかしながら前述のようにスタートアップが手がける事業はインターネットと住生活、自動車、配達などを関連させ、効率化させる領域にまで拡大したことから現行法との衝突が見られるようになり、規制法の緩和を目的としたロビイング活動が日本でも見られるようになった。

　また、規制法だけでなく、日本においても産業構造の転換でスタートアップ支援のパッケージメニューの樹立が見受けられる。例えばストックオプションの税制適格期間の延長など、事業における規制緩和以外にも、スタートアップ企業が成長するに際し阻害要因となるものを取り除いていく機運ができている。

　ロビイング活動に決まった手法は存在しないが、一般的には自社のみの利害関係を主張するのではなく、社会にとって必要な規制論を主張していくことになるため、規制緩和を訴える利害関係人を集めた業界団体を設立していくこととなる。業界団体でまとめた政策提言を所管庁や政治家に陳情し、求める政策を実現していくのであるが、まずは業界団体の事務局にて実現したい政策メニューを調査することから始まる。政策の実現には法改正が必要なのか、法解釈の変更で足りるのか、あるいはガイドラインの制定で実行できるのかなど、現行法を分析した上で実行プランを立案していく。

　法律は常にアップデートを繰り返し改善が行われてきている。当時の立法事実では想定していなかった技術の出現により、現在の社会課題は別の手段で実現できることは多々あり、その実現こそスタートアップ企業の役割ともいえる。技術進歩の時間が加速すればするほど法律と実務の乖離が生まれ、法の遅れ（Law Lag）と呼ばれる現象が今後も顕在化してくる。それを埋めるのはスタートアップ企業とそれを支える法律家の大きな責任となる。積極的なロビイング活動もまた、スタートアップ

企業の社会的役割の1つであると考える。

第5章

スタートアップ企業を支える
労務戦略

Legal Guide for Startup

第1節　スタートアップ企業がとるべき労務戦略とは

1　スタートアップ企業における労務戦略の重要性

　スタートアップ企業の経営において、人事労務制度への理解は経営判断を助けることとなる。自社の限られたリソースを最大化させるため、正社員、契約社員、派遣社員、業務委託といった労働の担い手の法的性質を理解し、性質に応じた活用を講じているスタートアップ企業は少ない。労務分野への理解は、スタートアップ企業にとって有益であるというだけでなく、労働者側にとっても働き甲斐のある環境で日々能力を発揮できる可能性を向上させる。

　自社を成長させる優秀な社員の確保と、その継続は企業にとっての永遠の課題である。採用方法の工夫、採用した社員のパフォーマンスの最大化、時代に合った社内制度の設計・運用、評価制度の適正化といった人事労務上の戦略を構築し、またそれが法的に正しいものである必要がある。このような難しい問題に、採用からルール設計に至る概要を掴めるよう、スタートアップ企業にとって重要な面をピックアップして解説していくこととする。

第 2 節　スタートアップ企業の採用方法と法律上の注意点

1　スタートアップ企業の採用方法

（1）スタートアップ企業採用の一般論

　スタートアップ企業が採用を実施する場合、スタートアップ段階では会社の信用度・認知度も乏しいことが当然であり、経営者自身の魅力によって惹き付けられた人を個別的に採用する方法が一般的な採用手法となる。

　もっとも、会社が成長していくにつれ、経営者自身による採用ルートには限りがあり、早晩限界に当たる。現在では、優秀なエンジニアは、どこの企業でも重宝され、いかに高額のオファーを出したとしても獲得が困難な売り手市場になっている。採用方法としては、自社に入社することがいかに魅力的かをエンジニア層に伝えるためのブランド強化を図る必要が生じる。

　ブランド強化の方策としては、魅力的なオフィス環境、豊富な社員教育や活性化の仕組み、優秀な社員が多く切磋琢磨できる環境にあるか、福利厚生の充実などといった、地道な改善とその発信を継続していくことが結果的に近道となる。

（2）社員紹介インセンティブ制度設計上の注意点

　社員紹介インセンティブ制度とは、社員に優秀な友人や親類などを紹介してもらい、採用に至った場合には、当該社員に対して金銭報酬を支払う制度である。このような制度は、日本以外でも、米国において盛んに行われており、企業文化になじむ人材の確保が可能であることから、特にエンジニアの採用方法として制度化されている企業も少なくない。日本のスタートアップ企業においても、社員等の紹介による採用方法は一般的であり、これにインセンティブを付与する戦略も効果的とも考え

られる。

　ただ、このような制度を導入する場合には、職業安定法の観点から注意が必要となる。同法40条では、「労働者の募集を行う者は、その被用者で当該労働者の募集に従事する者又は募集受託者に対し、<u>賃金、給料その他これらに準ずるものを支払う場合又は第36条第2項の認可に係る報酬を与える場合を除き、報酬を与えてはならない。</u>」と規定されている。中間搾取を防止するための規定である。労働者でない紹介者に高額の報酬を支払う結果、労働者の賃金が低下することを防止する、いわゆるピンハネの禁止条項である。

　この点、何の法的検討もなく、社員紹介を実施した社員に報酬として高額の報酬を付与した場合には、職業安定法に抵触する可能性もある。

　職業安定法の条文を見ればわかるように、「賃金、給料、その他これらに準ずるものを支払う場合」は例外的に許容されている。この条文に照らし、実務上は、就業規則や雇用契約において明確な賃金制度の一環として明記し、要件や支払方法を定めておく方法、賃金性のない高額の報酬制度とならないように設計する、ボーナス査定として反映するなどの方法により、専門家に相談の上設計していくことが必要である。

2　インターンシップを通した採用活動の高まりとその法的設計
（1）インターンシップとは

　インターンシップとは、学生が在学中、一定期間企業の内部で研修生として働くことにより就業体験を行える制度である。実質的にはスタートアップ企業の採用活動の一環として機能しているとも捉えられよう。スタートアップ企業では、このようなインターンシップ制度に力を入れており、幹部社員をインターンシップ担当者に抜擢している場合も多い。

　中には、シリコンバレーに無料で招待するプログラムや1日数万円の金銭支給を行う企業なども話題となり、優秀な学生の囲い込みとしてイ

ンターンシップが利用される。

（2）インターンシップの法的設計

インターンシップの設計として、インターンシップが「労働者」（労働基準法9条）に該当するかどうかに留意する必要がある。この点での考慮なしに行われている場合も少なくないが、以下を参照されたい。

仮に労働者性が認められるインターンシップの内容を設計した場合には、最低賃金法や労働基準法といった各労働法の規制に服することとなるため、まずは「労働者」に該当するインターンシップなのかを検討する必要がある。「労働者」に該当する場合、無給のインターンシップを設計することはできなくなる。

労働者に該当するかは、以下の要素などによって総合判断されることとなる[1]。

---

① 指揮監督下の労働に関する要素
　・仕事の依頼、従事業務の指示等に対する許諾の自由
　・業務遂行上の指揮命令
　・勤務場所・時間の拘束
　・労務提供の代替性
② 報酬の労務対償性に関する要素
　・報酬と労務との対償性
③ その他労働者性を補強する要素
　・事業者性
　・専属性の程度
　・公租公課の負担

---

[1]　労働基準法研究会報告「労働基準法の『労働者』の判断基準について」（昭和60年12月19日）

　わかりやすく説明すれば、社員たちの働く現場を見学する単なる体験会のように、業務遂行の要素が低い設計であれば、「労働者」に該当する可能性は低い。

　他方、インターン生に対し、社員の指揮命令によって企業の事業活動に従事させ、会社の規則を適用させ、反した場合には強く指導するなどの運用が重なった場合には、インターン生を「労働者」として扱う必要がある可能性が高い。この場合、インターン生に対して労働基準法に基づき給与を支払う必要がある。スタートアップ企業のインターンシップの設計としては、正社員と同様の職業体験を実施するケースが一般的であり、社員と同様に厳しく指導すると明言する企業もある。

　しっかりと正社員と同様の就業体験をさせたいと考える場合には、最低賃金を支払い、労働基準法などを遵守した設計にする必要がある。まずは自社の行うインターンシップがどのような法的枠組みに当たるかを理解する必要がある。

3　他社人材の引抜き時・他社への人材流出防止の設計

（1）他社人材の引抜き時の法的注意点

　優秀な人材は、既に他社で活躍している場合も多く、そのような者をいかに自社で採用できるかが経営上重要な戦略となる。この点、スタートアップ企業の経営者としては、他企業の社員を引き抜く行為が適法であるのか、違法であるのかが懸念となることが多い。

　従業員の職業選択の自由（憲法22条）を確保するため、通常の勧誘行為は違法とはならない。裁判例においては、「単なる転職の勧誘を越えて社会的相当性を逸脱した方法」により引き抜いた場合には、違法と判

＊2　重要な裁判例として、ラクソン事件といわれる、東京地裁平成3年2月25日判決労働判例588号74頁がある。同事案では、取締役であった者が、在職中に多数の従業員を一斉に退職させ、当該従業員らが同業他社に転職した事案であり、当該取締役であった者に対しての損害賠償請求が認められた。

断する判決がある[2]。

　社会的相当性を逸脱した方法とは、①転職する従業員のその会社に占める地位、会社内部における待遇及び人数、②従業員の転職が会社に及ぼす影響、③転職の勧誘に用いた方法（退職時期の予告の有無、秘密性、計画性等）などの事由を総合考慮して判断することになる。

　つまり、転職の際に、在籍する企業の悪評を意図的に流し、虚偽の説明を用い、従業員の引抜きによって重要情報を流出させる[3]といった社会通念上不相当な方法を用いた場合には違法になるものの、このような方法を用いず、通常の誠実な勧誘行為を行うに過ぎないのであれば過度に違法性を気にしすぎなくともよい。

　ただし、多くの場合、企業と従業員の間において、誓約書等で競業に転職することを禁止する契約を締結する。このため、自社に就職する従業員が元の就職先から損害賠償請求等を受けるのではないかという点も懸念点となる。採用を検討する従業員が元の就職先との間で競業禁止の合意をしている場合、（2）で後述のとおり、競業禁止条項が必ずしも有効ではないため、これを踏まえた考慮が必要となる。

（2）他社への人材流出防止の設計

　他の企業、特に競業企業への人材流出を防止すべく、入社及び退社時に「会社を退社してから1年間は、会社と競業する事業を営む企業への就職をしません。」といった契約書を締結する場合も多くみられる。

　もっとも、このような合意は退職者の職業選択の自由（憲法22条）を制約するため、無効になる可能性がある。裁判例では、①競業禁止の期間、②禁止される地域、③禁止される営業範囲、④労働者の地位、⑤代償措置の有無などを考慮し、合理的な制限でなければ無効と判断されている例もある[4]。例えば競業禁止期間が3年などの長期間である条項や、業種の限定がされていない条項は、無効となる可能性が高い[5]。このため、企業としては、このような競業禁止条項の制度設計や、その運

用の仕方を検討する際には、前記の点を留意する必要がある。

＊3　不正競争防止法2条の観点からも問題となる。
＊4　有名な事案として、奈良地裁昭和45年10月23日判決判例時報624号78頁（フォセコ・ジャパン
　　　リミテッド事件）がある。
＊5　経済産業省委託調査「平成24年度 人材を通じた技術流出に関する調査研究」本編により詳し
　　　く解説されており、法律関係者は同調査を参考にされたい。

第3節　正社員以外のリソースと法的設計

1　正社員以外のリソース

　フルタイムで常勤する正社員以外にも、在宅社員や有期雇用の契約社員を活用したり、新規プロダクトの開発をアウトソースの業務委託先企業に発注したり、派遣社員を自社で活用したりといった方法で、リソースを最適化して事業運営することも戦略上重要である。

　それぞれの法的性質を理解しつつリソースを有効活用することは、法令遵守の観点のみならず、リソース最大化の観点からも重要である。スタートアップ企業の経営者、管理者も、本節の内容を理解しておくとよい。

2　契約社員の法的設計

（1）契約社員（有期雇用社員）とは

　「契約社員」とは、無期雇用（契約期限の定めのない雇用）であるいわゆる「正社員」と比較し、有期雇用（契約期限の定めがある雇用）の社員のことを一般的には指す。本書でも「契約社員」＝「有期雇用社員」を前提に解説していく。契約社員は、無期雇用である正社員とは異なり労働契約に期限がある。このため、その期限が経過すれば、企業とその契約社員との間の労働契約は終了することになる（契約を更新しない場合）。

　スタートアップ企業においても、契約社員として採用し、その業務の遂行状況や自社の企業文化への適合性といった諸要素を評価してから契約期間の満了時に正社員として採用するという採用方法をとる企業も少なくない。

　数回の面接だけでは採用予定者が自社のチームにおいてどのような役

割を果たし、どのような業務遂行方法をとるのかを正確に判別できない
ことから、契約社員として採用し、その後正社員化する運用を行ってい
る企業も存在する。

（2）契約社員に関する法律

　契約社員を採用する上での法律上の留意点を説明していく。

▶契約社員の解雇

　契約社員（契約期限がある雇用者）を契約期間中に解雇するために
は、「やむを得ない事由がある場合」である必要がある（労働契約法17
条）。後述するとおり、正社員（契約期限のない雇用者）の解雇であっ
ても、「社会通念上相当」と認められる必要があるが、契約社員の解雇
の場合は、さらに厳格であるとされる。このため、基本的には、契約期
間中に契約社員の解雇はできないと考えて運用するべきである。

▶正社員への転換ルール

　例えば、契約社員との間で、3か月間の有期雇用契約を何度も反復継
続して契約締結し、5年を超えた場合には、その契約社員は正社員（無
期の雇用契約）に転換されることとなる（同法18条）。

　そのため、例えばスタートアップ段階で契約社員として採用し、その
後も継続して5年間社員として労働している場合には、この社員を正社
員として取り扱う必要がある。5年継続して活躍してくれた方であれ
ば、正社員として今後も働いてもらいたいと思う経営者が通常ではある
が、万が一経営の悪化により人員削減を図らざるを得ない時期に、契約
社員だと把握していた社員らが正社員に転換すべき年限を迎えており、
人事計画の予測とずれてしまうケースなどが想定される。経営管理の観
点から、ルールを知った上で、自社社員の在籍年数の管理を行うことも
重要である。

▶契約社員の更新時のルール

　また、契約社員との間で、以下に定めるような事由が発生している場合には、有期雇用を終了することはできず、有期契約の更新が必要となるときがある（労働契約法19条[*6]）。

> ①　過去に反復更新された有期労働契約で、その雇止めが無期労働契約の解雇と社会通念上同視できると認められるもの
> ②　労働者において、有期労働契約の契約期間の満了時に当該有期労働契約が更新されるものと期待することについて合理的な理由があると認められるもの

　例えば、過去に有期契約が反復継続し、既に正社員と何ら変わらないような性質を有する場合、又は会社側が今後も有期契約が継続されると思わせるような発言を繰り返したような場合には、有期契約の期間満了で契約を終了させてしまうことは、契約社員への不利益が大きくなることから、契約社員の申し出があった際には契約更新を行わなければならない。

3　業務委託の法的設計

（1）業務委託の役割と類型

　社員のみのリソース活用では事業スピードが追いつかない場合など、フリーランスや開発受託企業への業務委託は、有効なリソース活用手段となる。業務委託契約として委託先リソースを活用する場合、労働契約法・労働基準法の適用はなく、また社会保険、労働保険の適用もない。労働関係法令の遵守や、社会保険・労働保険等の適用は、スタートアッ

[*6]　最高裁第一小法廷昭和49年7月22日判決労働判例206号27頁（東芝柳町工場事件）、最高裁第一小法廷昭和61年12月4日判決労働判例486号6頁（日立メディコ事件）の判例法理を明文化したものになる。

プ企業にとって負担になる場合があるため、業務委託契約を活用する実益がある。

　以下では、業務委託契約と雇用契約の相違について触れておく。

（2）雇用契約と業務委託契約

　雇用契約は、労働者として使用従属関係をもって人材を活用する契約類型である。スタートアップ企業にかかわらず、多くの企業が雇用契約を締結しているのは、使用従属関係、つまり従事者をその指揮命令下に置き事業展開を図るためにある。スタートアップ企業の現場として、過度な指揮命令関係は裁量を阻害する要素もはらみ、一概に指揮命令を目的とするものではないが、法的には指揮命令権が発生する。

　一方で、業務委託契約では使用従属関係が生じない。業務委託契約で受託者となる者は、業務委託契約に基づき定められた業務を遂行すれば足り、業務委託契約に基づく義務のほか特段の義務は発生しない。そのため、業務委託契約を活用する際、広範な指揮命令を行ってはならない。

　契約の形式が「業務委託契約」とされる場合であっても、労働者であるかどうかは実態により判断される。仮に業務委託契約に基づいてフリーランスを従事させていたとしても、実態としてフリーランスとの間に使用従属関係があったと判断される場合、労働基準法及び労働契約法などに基づき、労働者として労務管理が必要となる。これに違反する場合、労働者であることを前提に、未払い賃金の請求を受けたり、罰則が適用されたりする可能性もある。したがって、企業は、業務委託契約を活用する場合、労働者と判断されるような指揮命令を行ってはならない。

　なお、労働者性を判断する考慮要素については、143頁の表を参照されたい。

4 派遣社員の法的設計

（1）労働者派遣とは

　労働者派遣とは、「自己の雇用する労働者を、当該雇用関係の下に、かつ、他人の指揮命令を受けて、当該他人のために労働に従事させること」（労働者派遣法2条1号）をいう。派遣労働者は、派遣する企業（派遣元）で雇用される従業員である。派遣を受け入れる企業（派遣先）は、派遣労働者を指揮命令して自らの従業員のように勤務させることができる。自社で労働者と雇用契約を締結しなくとも、派遣会社との契約により、派遣労働者を指揮命令できる。

（2）法的留意点

　以下のような法律上の制限があることを認識する必要がある。

▶派遣受け入れ期間の制限

　企業が同一の事業所（場所的・経営的な独立性がある事業所）において派遣労働者を受け入れることができる期間は、一定の例外を除き、3年とされる（労働者派遣法40条の2）。これを超える場合には、事業所労働者の過半数で組織される労働組合・労働者の過半数の代表者の意見を聴いて3年を限度に期間を延長しなければならない。

　また、このような事業所単位での制限の他、特定の派遣社員が、原則3年間の期間制限を課されることとなる（労働者派遣法40条の3）。もっとも、当該3年間の期間制限とは、同一の組織単位（会社におけるいわゆる「課」単位）において3年間の受け入れのため、経理で3年間活躍してくれた派遣社員を、次は人事で3年間活躍してもらうようなケースは制限されない。

▶事前面接の禁止

　派遣社員を受け入れるに当たり、受入れ前に自社に派遣される人員と事前に面接することはできない。派遣労働者の候補者の中から特定の者を派遣労働者として派遣先が選択することを目的とする行為は禁止されており、これには年齢、性別、適性などを審査することができない点も含む。

　スタートアップ企業の場合には、自社の企業文化との適合性を確認してから受け入れたいという要望が強く、従業員の採用にあたって事前に面接を行うのは当然であるが、派遣社員に対しては事前面接を行ってはならないという制約がある。

▶途中で派遣契約を解除する場合

　派遣先であるスタートアップ企業側は、何らかの事情により派遣契約を契約期間中に解除せざるを得ない場合、あらかじめ相当の猶予期間をもって解除の申入れを行う必要がある。又は、自社にて就業をあっせんするなどの方法により、派遣労働者の新たな就業機会の確保を図る必要が生じる。

　新たな就業機会の確保を図ることができない場合、中途解除により派遣会社に生じた損害の賠償などを支払う必要がある。スタートアップ企業の場合には、自社のサービスが撤退するようなときも考えられ、人的リソースの需給が左右されやすいため、事前の計画を要するであろう。

5　アルバイトの法的設計

（1）アルバイトの活用方法

　スタートアップ企業でも、アルバイトを採用する場合が多く見受けられる。属人性が薄く、行動量が問われるテレマーケティングや動画撮影業務など、アルバイトを活用したリソース活用事例がスタートアップ企

業においても多々見受けられる。アルバイト社員を正社員として採用するケースも少なくなく、貴重なリソース経路として運用されている。

（2）アルバイト活用の法的留意点

アルバイト社員を活用していく上で、理解しておくべき留意点を2点紹介する。

▶アルバイトも労働関係法上は社員と同様

アルバイトは法律上、雇用契約を締結するものであるため、社員と区別はない。期限のあるアルバイトの場合、契約社員（契約期限の定めがある雇用者）と同様となる。アルバイトは、法律上は単に、労働時間が短い労働者を意味する。

そのため、アルバイトであっても、社員と同様、労働基準法や最低賃金法、労働契約法などの法律が適用され、労働時間管理・有給休暇・解雇規制・深夜割増賃金の支払い義務・残業代の支払い義務等が生じる。

特に留意するべきであるのは解雇規制についても社員と同様のルールが適用される点である（労働契約法16条）。アルバイトの場合、性格の不一致などによって簡単に解雇ができると誤解されることも多い。しかし、労働契約法に定められているとおり、社会通念上相当であると評価される場合にのみ解雇が適法となる。

▶労働条件の明示の範囲が広い

アルバイトを採用した場合、当該アルバイトがパートタイム労働者（1週間の所定労働時間が同一の事業所に雇用される通常の労働者の1週間の所定労働時間に比べて短い労働者）であると認定された場合には、パートタイム労働法が適用されることになる。

同法によれば、通常の社員に必要な労働条件通知書に加えて、昇給、退職手当、賞与の有無及び相談窓口について明示する必要があるほか

（パートタイム労働法 6 条）、求めがあった場合には待遇の決定にあたって考慮した事項を企業側が説明しなければならない義務（同法14条 2 項）などが生じる。この点、正社員とは異なる義務が生じることになるため、ルールを理解する必要がある。

第 4 節　就業規則と社内規程の有効活用

1　就業規則とその役割

　労働基準法では、10人以上の労働者を使用する事業場においては就業規則を作成する義務が課されることから（同法89条）、10人以上の労働者がいるスタートアップ企業では整備が必要となる。10人以上の労働者がいない場合であっても、就業規則に基づいて労務管理することもある。なぜ就業規則を作るのか、就業規則をどのように運用するのかを理解するため、就業規則の役割を確認しておきたい。

　たとえ就業規則に定める基準に達しない労働条件に個別に合意したとしても、その労働条件は無効になり、就業規則の基準が適用される（労働契約法12条）。すなわち、就業規則は使用者と労働者の間の労働契約の最低基準を示すものとなる。

　また、就業規則は労働契約の内容となる。就業規則には、使用者と労働者の間の権利義務関係が定められるものであり、この規定が使用者と労働者の労働契約において適用されることになる。ただし、注意が必要なのは労働契約の内容とするためには、「労働者及び使用者が労働契約を締結する場合において、使用者が合理的な労働条件が定められている就業規則を労働者に周知させていた場合」（労働契約法7条）に限られる。このような条件が充たされない場合、作成した就業規則の条項が適用されない。

2　就業規則の記載内容

　就業規則を作成する際、絶対的記載事項として必ず規定しなければならない事項がある。①就業に関するルール、②給与に関するルール、③退職に関するルールといった企業・労働者の双方にとって重要かつ基本

的ルールが絶対的記載事項となっている。

　また、相対的記載事項として示される制度は、企業がそれらを制度として採用しない場合には規定する必要はない。しかし、制度として採用する場合には必ず規定しなければならず、規定しておかなければ無効とされる。例えば、賞与制度も相対的記載事項であるため、忘れずに記載しなければならない。

　任意的記載事項とされる事項は、このような絶対的記載事項・相対的記載事項と異なり、規定してもしなくてもよい。任意的記載事項には下に示すようなものがある。自社の状況に照らし、記載した方がよいのかどうかを考えてみるのもよいであろう。なお、任意的記載事項として記載された事項も労働契約の内容であるから、一方的に不利益に変更することができないことは、何ら変わらない。

任意的記載事項の例
① 　就業規則の目的に関する事項
② 　企業理念や社訓に関する事項
③ 　就業規則の解釈・適用に関する事項
④ 　貸与住宅、貸付金制度などの福利厚生に関する事項
⑤ 　就業規則の変更に関する事項　など

3　就業規則作成・変更に関する手続き

▶就業規則の作成手続き

　就業規則は作成するだけでは効力は発揮されず、図5－1のような手続きを経る必要がある。

　労働基準監督署長への届出までは行いつつ、最後の従業員への周知（労働基準法106条）を懈怠する企業も少なくないため注意を要する。この点、「周知」とは、従業員が必要な時に容易に就業規則の内容を確認

できる状態のことをいい、作業場に掲示する方法、従業員に書面で交付する方法などのほか、社内専用のイントラネットに随時掲載するような方法であっても「周知」といえる。入社時に就業規則を書面配布した上でこのような方法をとっているスタートアップ企業も多い（同法施行規則52条の2第3号）。

図5-1　就業規則に関する手続き

▶**就業規則の変更時の注意点**

　従業員数が増加し、企業文化も時代に即して変容していくにつれ、当初作成した就業規則が、実態にそぐわないものとなることもある。このような場合、就業規則を変更する必要がある。

　就業規則の変更の際も、前述のような過半数代表への意見聴取（労働基準法90条1項）や労働基準監督署への届出などの手続きが必要になる（同法89条）。

　また、原則として、会社が一方的に就業規則の内容を従業員にとって不利益なものに変更することはできない（労働契約法9条）。会社側が従業員に不利益な就業規則の変更を一方的に行えるとすれば従業員としての立場が極めて不安定になるからである。

　もっとも、このような変更を行う場合に、常に全ての従業員から同意を得ることは現実的ではない。このため、労働契約法10条では、①変更後の就業規則を労働者に周知すること、②就業規則の変更が合理的なものであるときには、変更後の就業規則の効力が生じるとしている。

　就業規則の変更の際には、上記の手続き的規制・内容的規制を踏まえ

て進める必要がある。

参考：労働契約法10条

　使用者が就業規則の変更により労働条件を変更する場合において、変更後の就業規則を労働者に周知させ、かつ、就業規則の変更が、労働者の受ける不利益の程度、労働条件の変更の必要性、変更後の就業規則の内容の相当性、労働組合等との交渉の状況その他の就業規則の変更に係る事情に照らして合理的なものであるときは、労働契約の内容である労働条件は、当該変更後の就業規則に定めるところによるものとする。

| 第 **5** 節 | **ストックオプションの導入とその設計** |

1　ストックオプションとは

（1）ストックオプションの原理

　ストックオプション（Stock Option）とは、一般的に、自社の役員又は従業員が一定の権利行使期間内にあらかじめ定められた権利行使価額で、自社株式を会社から引き受けることができる権利のことをいう。会社法では「新株予約権」（同法2条21号）の発行手続きに沿って発行することとなる。

　ストックオプションの目的は、役員又は従業員が自社の企業価値を向上させるインセンティブを有することにある。会社は、中長期的視点で会社にコミットするインセンティブメリットを利用し、優秀な人員を獲得することが期待できる。

　インセンティブの原理を、図5－2を参照しつつ説明する。多くの場合、ストックオプションを行使する際に会社に払い込む金額（行使価額）は付与時点（図5－2の（1）の時点）の会社の企業価値をベースにする。つまり、ストックオプションの付与を受けた者は、付与時点では、権利行使価額（300円）を払い込むことで株式を取得することができることになる。このときは、会社の株価も1株300円であり、ストックオプションを行使しなくとも1株300円で会社の株式を得られるため、ストックオプションを行使する経済的メリットがないといえる。

　もし、会社の企業価値がその後上昇して1株2,500円（図の（2）の時）になったとする。このときストックオプションを行使すると、権利行使価額300円を会社に払い込むことにより、1株2,500円の株式を取得することができる。そして、この会社が上場して株価が1株4,000円になったときにこの株式を売却すれば、権利行使価額300円との差額である3,700円の利益が得られることになる。このように、ストックオプシ

図5-2 ストックオプションの差額利益

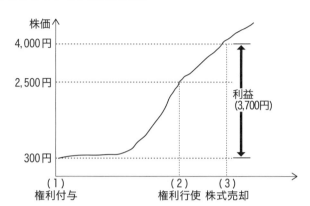

ョンの付与を受けた者は、一定の金額である権利行使価額で、より高い価値がつく可能性がある株式を得ることができる。

　従業員としては、企業価値を向上させ、会社を上場させることにより上記の利益を得ることができる。このため、従業員は、中長期的にコミットして企業価値を向上させる強いインセンティブが働くこととなる。

　なお、ストックオプションのインセンティブであるが、一般的に上場前のスタートアップ企業の場合には株式を譲渡することが禁止される譲渡制限株式であるため、IPOを前提としたインセンティブとなる。ストックオプションは税務上の問題から設計方法が限定的になっているため、税制適格の説明をした後、設計について解説していく。

（2）株式を活用する場合との相違

　上述のとおり、株価上昇によるインセンティブメリットを与えることがストックオプションの目的である。そのため、インセンティブを与える目的で、ストックオプションではなく、株式を保有させるケースもあり得る。

　もっとも、ストックオプションは、無償で付与することができる一

方、株式の場合には、株式発行時の株価を払い込んでもらう必要がある。また、ストックオプションの場合、取得事由を容易に設計できる弾力性を持つ。ストックオプションを保有する従業員が退職したときには会社がストックオプションを取得し、消却することができる。株式の場合、このような設計は困難となる。さらに、株式を保有させると従業員は株主として議決権を有することとなり、株主管理コストが肥大化する側面もある。

2　ストックオプションと税制適格

　ストックオプションを自社の役員又は従業員に付与する場合、一般的に税制適格を満たした設計方法（租税特別措置法29条の２）を採用することになる。なぜこのような税制適格を満たすことが必要なのだろうか。税制適格を満たさなかった場合の税務を見てみる。

▶税制適格でないストックオプションの税務

　ストックオプションの課税時期として、ストックオプションの「権利行使時」と、行使により得た株式の「売却時」がある。税制適格を満たさないストックオプションの場合、２段階の両時期で課税されることになる。具体的にみていく。

　ストックオプションの権利行使時の税務は、「権利行使時の時価と権利行使価額との差額」が給与所得として所得税・住民税が課税される。すなわち、ストックオプション以外の通常の給与と合算して課税され、累進課税の対象となる。

　そのため、個人の従業員が税金を支払うことができなくなるおそれが生じる。給与所得として課税されるタイミングの「権利行使時」は、あくまでストックオプションを権利行使し、会社から自社株を得ることができるのみであり、金銭受領はできない。権利行使者とすれば、ストッ

図5-3　税制非適格の課税関係

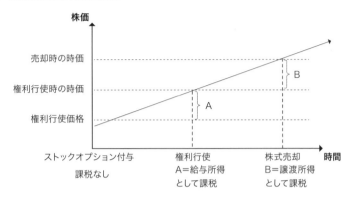

クオプションを行使する際、金銭を受領することができないにもかかわらず、行使価額を会社に払い込み、さらに税金を支払わなければならないこととなってしまう。

　以上のような、従業員の権利行使時の金銭的負担を考慮し、税制適格を満たしたストックオプションを設計することになる。

　なお、税制適格の対象者は、自社又は子会社の取締役、執行役又は従業員のみとなる。そのため、監査役、事業に貢献した外部の業務委託先・専門家などは税制適格を満たしたストックオプションを付与しても、税制適格の対象にはならないため注意が必要である[7]。そもそも株価を上昇させるインセンティブを、会社を監査する立場にある監査役に付与すべきなのかという観点からの考察が必要であり、税制適格とは別観点からも付与対象者について考察を行う必要がある。

---

[7]　例外的に、社外高度人材活用新事業分野開拓計画の認定を受けることにより、外部の業務委託先に付与したストックオプションを税制適格とすることができる。ただし、手続きがやや多く、容易に使えるとはいえない。

図5-4　税制適格の課税関係

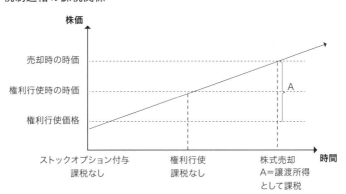

▶税制適格ストックオプションの税務

　他方、税制適格を満たしたストックオプションの場合、「権利行使時」には課税の対象とならず、権利行使により得た株式の「売却時」にのみ譲渡所得として課税対象となる。このような株式売却のタイミングでは金銭を受領している状態であり、20％の税負担もその金銭から支払うことができる。

3　ストックオプションの設計

　ストックオプションは税制適格を満たした設計をすべき必要性は前述したが、具体的にどのような設計をすべきかについて項目ごとに解説していく。

▶付与対象者の選定

　まずは、付与対象者の範囲を選定する必要がある。付与対象者に関して一律の決まり事はなく、自由に会社が決定することができる。ただし、大量にストックオプションを付与することは、株主の持株比率の低下を招くことになる。そのため、目安としてIPOに際して役員又は従業

員へ付与するストックオプションの総数は全体の株式総数の約10％程度が基準となっている。

　分配方法は各社様々であり、役員や幹部社員のみに付与する会社、会社の創業期に加入した功労者的な従業員を中心に付与する会社、又は従業員に万遍なく付与する会社など、経営の考え方によって異なっている。注意点は、どの社員にストックオプションを何個付与したかを上場時に開示することとなるため、透明かつ公平性ある基準で付与対象者を選定する必要がある。

　中長期的な企業価値の向上に対するインセンティブを付与することになるため、今後も中長期的に企業価値向上に従事してほしいと考える従業員に対し付与する基準で選定することがよい。

　なお、税制適格を満たすためには、自社の取締役、執行役又は従業員（及びその権利承継相続人）であり、かつ未上場企業の場合には、発行済株式総数の３分の１超を有しないことが条件となる。もちろん、従業員に対しては税制適格ストックオプションを付与し、監査役に対しては税制適格でない、後述する有償ストックオプションを付与するような使い分けも可能となり、実際にもこのような使い分けがなされている。

図5-5　払込価額と権利行使価格

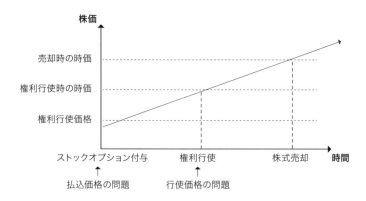

▶払込価額／行使価額（会社法236条 1 項 2 号、238条 1 項 2 号・ 3 号）

　払込価額とは、ストックオプション（新株予約権） 1 個を付与されるときに、その対価として払い込む金額のことをいう。税制適格を満たす場合には無償であることが条件となる。このため、従業員向けのストックオプションは、通常、無償で付与される。

　他方、行使価額とは、ストックオプションを行使する際に出資される金額のことをいう。こちらは「行使」の際に要する金額である。こちらも税制適格上の要請があり、ストックオプションの付与時の割当契約締結時点の会社の時価以上であることを要する。

▶権利行使限度額

　また、税制適格では、年間の権利行使価額の上限が定められており、権利行使価額の年間合計額が1,200万円を超えないことが求められる。そのため、大量のストックオプションを一個人に付与したとしても、この税制適格の要件から、事実上年間の行使価額の制限があることに留意することが必要である。

▶権利行使期間（会社法236条 1 項 4 号）

　権利者が権利行使できる期間としては、長期のインセンティブ報酬とする制度趣旨から、税制適格では、ストックオプションを付与する決議日から 2 年を経過した日から10年を経過する日までの間のいずれかの期間を行使期間とすることを要する。このため、同期間と設定することが一般的である。

▶権利行使の条件

　権利行使をする際の条件を設定することも実務上多く見受けられる。特に設計されやすい条件として、行使時点で役員又は従業員でない場合にはストックオプションを行使できない設定である。ストックオプショ

ンの趣旨は中長期的なコミットを促すインセンティブを与えるためのものであり、自社から退いた場合、この趣旨から反するため、行使条件として自社の役員又は従業員であることを定められる。

　また、株式上場時まで、会社の承諾なく行使できないという条件を設定することも多い。仮に株式上場までは株式を従業員に与える場合、当該従業員が退職し、その株式を会社が買い取る手続きとなったとき、分配可能価額の規制などの理由により、会社が買い取ることができない場合も想定される。そのため、株式上場までは従業員に対し株式を与える事由を与えず、行使条件として会社が株式上場したことを設定することとなる。

　そして、在籍年数が長くなればなるほど行使できる株式割合が上昇するベスティング条件を設定する場合もある。例えば、上場後1年間は付与数の25％しか行使することができず、2年目は50％の行使が可能に、3年目は75％といった条件である。このような条件設定は、付与されたストックオプションをすぐに全部行使をして金銭的な満足を得て、退職してしまうような人員を創出してしまうことを防止するために、段階的な行使を契約上設定するのである。

▶取得事由（会社法236条1項7号）

　会社がストックオプションを強制的に取得することができる条件を取得条項という。

　例えば、反社会的勢力との関わりがあった場合、法令に違反した場合、懲戒事由に相当する行為を行った場合、禁固刑以上の刑に処せられた場合など、インセンティブを与えるに値しない行為を行った者に対して、会社が強制的にそのストックオプションを取得できるように設定しておくこととなる。上記に加え、役員が退任はしていないまでも、競合会社の役員に就任するなどの場合にも、自社のみに継続的にコミットするインセンティブを与える必要はなくなるとして取得事由に定めること

も増えている。

　また、会社が組織再編を行う場合にも取得事由として定めておくことも多い。従業員側の適格性ではなく、組織再編時の要請によるものである。この点は以下説明する。

▶組織再編時の取扱い

　上記の取得事由とも関連するが、会社が消滅会社となる場合など（例：吸収合併される場合など）の組織再編時のストックオプションの取扱いについて定める必要がある。被買収対象となり、買収会社の完全子会社となるような場合に、被買収会社のストックオプションの権利者が残存しているときには、権利者が権利行使することによって完全子会社であることが維持できなくなってしまうおそれがある。無償取得事由として定めるほか、組織再編の相手方（上記の例でいえば、買収会社側）の新株予約権を交付することができることを定めておくこともできる（会社法236条1項8号）。

　また、このような取扱いが完全子会社の維持であることが目的である以上、組織再編時のみでなく、株式譲渡による完全子会社化の場合においても当該完全子会社の維持の要請は働くため、取得事由としては組織再編時のみならず、株式譲渡時についても取得事由として定めておくことも考えられる。

▶調整事由

　ストックオプションの株式数及び行使価額は、ストックオプション発行後の希薄化事由の発生をトリガーとして調整条項が付されることが一般的である。例えば、ストックオプション発行後に、発行会社が株式分割を行った場合には、分割割合に応じてストックオプションの価値が減少してしまうことになるので、このような事由に際して価値が発行時と同一になるように調整する必要性がある。株式併合の場合も同様とな

る。

　これに加え、ストックオプションの発行後に、行使価額よりも低い価額で第三者割当増資（いわゆるダウンラウンド）などが行われた場合においても、ストックオプションの1株当たりの価値が希釈化されないように加重平均法と呼ばれる方法で調整されることとなる。

▶譲渡禁止

　ストックオプションに譲渡禁止を付すことが税制適格の要件となっているため、譲渡禁止を定めることが一般的である。これはストックオプションの趣旨が役員又は従業員に長期的なコミットをする継続インセンティブを与えるものであるため、このような従業員以外の者に譲渡することは趣旨に反することになるためである。

▶株式の保管委託

　これも税制適格上の要件であるが、ストックオプションの行使により交付される株式に関し、振替口座簿への記載・記録、保管委託又は管理等信託がなされることが要件となっている。一般的には証券会社に保管・管理委託することになるが、実務上は未上場会社の場合この保管・管理を行うことが困難となる場合もあり、未上場段階での行使を念頭に置いている場合には、証券会社に問い合わせの上、この要件を充足することができるか確認する必要がある。

4　有償ストックオプション

（1）有償ストックオプション

　多くの場合、ストックオプションは、税制適格ストックオプションにして発行することはこれまで見てきたとおりである。

　しかし、税制適格ストックオプションは、前述のとおり、監査役や、

外部の専門家に付与できない。また、行使期間が限定されるなど、税制適格にするための諸条件を満たす必要がある。

　これに対し、無償でストックオプションを発行するのではなく、有償でストックオプションを発行する方法がある。具体的には、ストックオプション（新株予約権）の公正価値を評価し、その公正価値の対価の支払いを受けて発行するというものである。

▶有償ストックオプションのメリット

　有償ストックオプションのメリットとして、適切な公正価値で発行される限り、金融商品取引の性質のため、税率が譲渡所得税率により課税されることや、納税時期が権利行使時ではなく株式譲渡時であることなどがあげられる。これは税制適格ストックオプションと同様の効果を実現できるものといえる。

　また、有償ストックオプションは、税制適格ストックオプションとは異なり、付与対象者や付与条件に制限がない。このため、業務委託先等に付与することも可能といえる。

▶有償ストックオプションのデメリット

　有償ストックオプションのデメリットとしては、有償で発行するものであるため、新株予約権の付与対象者（従業員等）からの金銭の支出を伴うものである点が挙げられる。つまり、有償ストックオプションを割り当てるために、資金を払い込んでもらう必要がある。未上場の段階、つまり将来に価値を有するかどうかが不明な段階で高額の発行価額で発行されると、有償ストックオプションを引き受ける者は極めて限られてしまう。

　このようなデメリットを軽減するために、有償ストックオプションの行使条件等を限定するなどして適切に設計することにより、有償ストックオプションの発行価額を低額に抑えることがある。

　ただし、このためには公正価値の評価のために会計事務所等に算定を依頼する必要があり、このためにコストを要することになる。

（2）信託型ストックオプション
▶信託型ストックオプションの概要
　上記の有償ストックオプションを用いて、信託型ストックオプションというスキームが用いられることが増えている。
　信託型ストックオプションとは、発行する有償ストックオプションを信託という方法でいわば保管しておいて、将来に、役員や従業員、業務委託先等に配分するという方法である。
　具体的には、以下のようなスキームである。
①　創業者等が会社に資金を払い込み、会社が、有償ストックオプションを創業者等に発行する。
②　発行を受けた創業者等は、このストックオプションを受託者（税理士・信託会社等）に信託する。
③　会社は、ストックオプションを付与する条件（貢献度に応じた付与ルール）を定めておく。
④　従業員や役員が付与条件を満たした場合には、受託者から従業員や役員にストックオプションが付与される。

▶信託型ストックオプションのメリット
　まず、ストックオプションの設計上、行使価額を時価以上にしなければならない。このため、会社が成長するにつれて、行使価額は高額に設定することになる。行使価額が高額になればなるほど、行使時の株価との差が小さくなってしまうので、配分を受ける従業員の立場からすると、行使価額を低く抑えられると利益が大きくなる。この点、信託型ストックオプションでは、会社があらかじめストックオプションを発行しておいて、後に配分する方法である。このため、会社の成長前の時点で

ストックオプションを発行しておくことによって、行使価額を低額に抑えることができる。これにより、会社の成長の前後にかかわらず、同じく低い行使価額が設定されたストックオプションを従業員等に配分できる。会社の成長後においても、配分される対象者に大きな利益を与えることができる。

また、税制適格ストックオプションは、将来の活躍に期待して付与するものであり、たとえ付与しても期待どおりの成果が生じないこともあり得た。これに対し、信託型ストックオプションでは、過去の貢献度に応じてストックオプションの付与をすることになるため、付与対象者をその貢献度に応じて評価できる。

▶信託型ストックオプションの留意点

信託型ストックオプションの導入には公正価値の評価等のために専門家コストを要することが挙げられる。

また、信託型ストックオプションを発行するにあたっては、その対価を払い込む必要があるが、これは会社の資金ではなく、創業者等が自ら用意した資金となるため、これを用意する必要がある。

上記のとおり早期に発行すればするほど利益が大きくなる制度であるので、なるべく早い時期から導入を検討するとよい。

第6節　スタートアップ企業による労働時間管理

1　労働時間と残業代*8の発生根拠

　労働時間は、原則として1日8時間、1週間で40時間（労働基準法32条）が法定労働時間として定められている。この法定労働時間を超えて労働させた場合を「時間外労働」という。また、毎週少なくとも1回の休日を与える週休制の原則も定められる（同法35条1項）ほか、法定休日に労働させた場合は「休日労働」となる。

　時間外労働及び休日労働は、原則として行えないというのが日本の労働基準法の考え方である。スタートアップ企業の場合、創業期に近いほど労働時間という概念でなく、成果を残すことに集中しがちである。しかしながら、当然であるが、残業代の不払いはスタートアップといえど違法となる。IPOに関する指導・アドバイス実務においても、労働時間の管理と過去分の残業代の問題は最も指摘の多い事項の1つでもある。

　シードステージ・アーリーステージ段階では労働時間管理を怠りがちであり、発展段階で急遽、労働管理方法を整備・変更することにより従業員側が困惑するような例も見受けられる。このような現状に鑑みるに、会社設立段階からスタートアップ企業に適した会社の体制を構築することが良く、何より法令遵守の観点からも必須である。本節ではスタートアップ企業の高い成長可能性を阻害することなく、従業員が安心して事業に集中する環境を構築すべく、とりわけ労働時間に関する法令について解説していく。

---

*8　ここでいう残業代とは、労働基準法37条に定める割増賃金のことを指す。スタートアップ企業経営者が聞きなれている「残業代」という用語を使用することにする。

▶時間外労働・休日労働

　時間外労働、休日労働は原則として行えないことは前述のとおりであるが、もちろん例外もある。

　従業員代表との間でいわゆる「サブロク協定」（同法36条所定の書面による協定）を締結し、当該協定を所轄の労働基準監督署に届け出ることが必要である。これがされる場合、当該協定に従い時間外労働、休日労働が可能となる。スタートアップ企業においては、設立間もない段階でこのサブロク協定を届け出ることとなるが、これを懈怠した場合、同法違反として罰則の対象となる。

▶残業代の発生根拠

　残業代の発生根拠は、会社と従業員との間で締結した雇用契約又は就業規則の定めによる「所定労働時間」を超えて労働した場合である。例えば所定労働時間が午前10時から午後７時（休憩時間１時間）の場合、午後10時まで労働したときには３時間分の残業代が発生する。

　この残業代のうち、残業時間が法定労働時間を超えた部分について、以下の割増率を掛けて支払う必要がある。給与を時給換算した上、所定労働時間を超えた時間に以下の割増率を乗じた上で残業代が算出される。

時間外労働（法定労働時間を超えた場合）	25％割増
時間外労働（１か月60時間を超えた場合）	50％割増
深夜労働（午後10時以降午前５時までの労働）	25％割増
休日労働（法定休日の労働）	35％割増

▶労働時間の管理

　企業は労働者の労働時間を適正に把握する義務がある。企業が労働時間の管理を適切に行っていなければ、労働基準法の遵守状況を自ら把握することができない。労働時間の管理の方法については、使用者の現

認、タイムカード等の客観的記録方法などが用いられる[9]。

2　労働時間管理に関する諸制度

（1）スタートアップ企業と年俸制

　年俸制とは、従業員に支払う賃金の額を年単位で決める制度のことをいい、経営者と従業員とが合意することにより、毎年の賃金額が変動し得ることから、成果主義制度に親和性がある。スタートアップ企業においても採用している企業が多い。

　なお、年俸制を採用した場合であっても、賃金は毎月支払わなければならないとされており（労働基準法24条2項）、月額で分割して毎月支払われる。

▶スタートアップ企業による年俸制の運用方法

　年俸制度の狙いは年功序列の職給制度による一律の賃金性ではなく、年俸改訂の機会を設け、成果主義を実効的に運用する点にある。もっとも、プロスポーツ選手のように成果主義を貫徹する場合、一般企業では従業員の疲弊を招く懸念もあり、企業の継続性を阻害する。そのため、成果の評価方法の透明性、従業員の納得度、評価制度の具体的判断基準の開示といったルール整備も同時に行うことが実務上求められよう。

　そのため、年俸制を採用している企業の中には、360度評価と名付けられた複数の従業員からの評価を行ったり、評価基準を開示し、業績に加え企業文化との親和性を測る明示基準を示すことも少なくなく、評価の透明性と納得度を高める経営努力を行う必要があろう。

---

[9]　平成29年1月20日「労働時間の適正な把握のために使用者が講ずべき措置に関するガイドライン」（厚生労働省）が参考になる。

▶年俸制と残業代との関係性

　誤解が多い点であるが、年俸制を採用した場合であっても、残業代や割増賃金を支払う必要がある。年俸に定められた月額賃金に加え、残業代や割増賃金が生じる場合は別途支払わなければならない。

（2）スタートアップ企業とみなし残業制

　給与額自体に残業代を含ませる運用（みなし残業制度）を採用する場合がある。

　この点、運用には注意が必要である。裁判例によれば、固定残業制の運用のため、通常の労働時間に対応する賃金と、残業代に相当する賃金とが区別できるようにする必要がある[*10]。そのため就業規則等において「1か月当たり○時間分相当の時間外労働に係る割増賃金を年俸に含むものとする。」といった明確に区別が行える定めを置く必要がある[*11]。このような運用がされない場合、残業代が含まれるとは解されず、残業代を含むとしたはずの賃金額が単なる基本給と解されることになる。

　また、「みなし残業制を採用していれば、残業が長時間に及んだ場合であっても、固定した金額を支払うだけでよい」というのも多くみられる誤解である。残業時間がみなし残業時間を超えた場合には、当然、別途残業代を支払わなければならない。他方、残業時間が固定残業時間とされた残業時間よりも少ないときであっても、固定残業時間どおりの給与を支払わなければならない。

　みなし残業制度は、給与を高く表示することができる点で採用活動に資するものであり、採用して運用している企業は多いが、上記に留意する必要がある。

[*10]　最高裁第二小法廷平成6年6月13日判決労働判例653号12頁（高知県観光事件）

[*11]　この場合においても、実際の労働時間がこれを超過する場合には、その差額を従業員に支払う必要があることは当然の要請となる。

（3）スタートアップ企業と裁量労働制

　裁量労働制とは業務の遂行方法が労働者の裁量に委ねられる一定の業務に就く従業員については、労働時間を実際に働いた時間ではなく、この時間働いたものとみなすという計算方法を認める制度である。

　裁量労働制の適用がある場合、ある従業員が特定の日において１日12時間の労働を行ったとしても、みなし労働時間を８時間で設定していれば８時間労働分の基本給を支払うことで足りるという制度である。ただし、深夜労働・休日労働の割増賃金の支払に関しては裁量労働制を導入したとしても支払う必要がある。また、裁量労働制を導入できる職種も限られている。

　裁量労働制は２種設けられており、専門的な職種の従業員につき、労使協定によりみなし時間制を実施する「専門業務型」、及び経営の中枢部門で企画、立案、調査及び分析業務に従事する従業員につき、労使委員会の決議によって実施する「企画業務型」が定められている（労働基準法38条の３・38条の４）。このうち、スタートアップ企業に導入されることが多いのは「専門業務型裁量労働制」である。

▶専門業務型裁量労働制を導入できる職種

　専門業務型裁量労働制では、業務の性質上その遂行方法を労働者の大幅な裁量に委ねる必要性があり、業務遂行の手段や時間配分について、会社側から具体的指示をすることが困難な一定の専門的業務であることが前提となっている。そのため、労働基準法施行規則及び告示により、このような専門的業務として19業種を定め、この19業種に限って専門業務型裁量労働制を導入できることとしている。

　具体的に19業種についてみていく。例えばゲーム業界を想定すると、ゲーム用ソフトウェアの創作業務は該当するとされており、全体構想を描くシナリオ作成、映像制作、音響制作などは含み、専ら他人の具体的指示に基づく裁量権のないプログラミングなどを行う業務は含まないと

いう線引きがなされている。

　また、情報処理システムの分析・設計を行う業務自体についても、専門業務とされるものの、あくまでアプリケーション・システムの設計や細部の決定、システムの評価などの業務を行う業種に限り、単にプログラムの設計・作成を行うプログラマーなどは含まれないという線引きがなされている。そもそもの趣旨である、会社側から具体的指示をすることが困難であり、労働者の大幅な裁量権があることが前提となっていることがその理由である。

▶専門業務型裁量労働制の対象業務

（1）新商品若しくは新技術の研究開発又は人文科学若しくは自然科学に関する研究の業務

（2）情報処理システム（電子計算機を使用して行う情報処理を目的として複数の要素が組み合わされた体系であってプログラムの設計の基本となるものをいう。（7）において同じ。）の分析又は設計の業務

（3）新聞若しくは出版の事業における記事の取材若しくは編集の業務又は放送法第2条第28号に規定する放送番組（以下「放送番組」という。）の制作のための取材若しくは編集の業務

（4）衣服、室内装飾、工業製品、広告等の新たなデザインの考案の業務

（5）放送番組、映画等の制作の事業におけるプロデューサー又はディレクターの業務

（6）広告、宣伝等における商品等の内容、特長等に係る文章の案の考案の業務（いわゆるコピーライターの業務）

（7）事業運営において情報処理システムを活用するための問題点の把握又はそれを活用するための方法に関する考案若しくは助言の業務（いわゆるシステムコンサルタントの業務）

（8）建築物内における照明器具、家具等の配置に関する考案、表現又は助言の業務（いわゆるインテリアコーディネーターの業務）

（9）ゲーム用ソフトウェアの創作の業務

（10）有価証券市場における相場等の動向又は有価証券の価値等の分析、評価又はこれに基づく投資に関する助言の業務（いわゆる証券アナリストの業務）

（11）金融工学等の知識を用いて行う金融商品の開発の業務

（12）学校教育法に規定する大学における教授研究の業務（主として研究に従事するものに限る。）

（13）公認会計士の業務

（14）弁護士の業務

（15）建築士（一級建築士、二級建築士及び木造建築士）の業務

（16）不動産鑑定士の業務

（17）弁理士の業務

（18）税理士の業務

（19）中小企業診断士の業務

▶裁量労働制の導入手続き

　専門業務型裁量労働制を導入するためには、対象となる業種、みなし労働時間、有効期間、対象となる労働者の労働時間の状況に応じて実施する健康・福祉を確保するための措置の具体的内容、労働者からの苦情の処理のため実施する措置の具体的内容などの事項について、従業員代表[12]との間で、書面による労使協定において定めることが必要となる。また、この労使協定は、所在地を管轄する労働基準監督署長に届け出るほか、労働者に周知することも必要となるため、手続きを懈怠しないよ

---

[12]　一般的なスタートアップ企業を想定しており、労働組合がない前提で記載している。その他の記載についてもこれを前提とする。もちろんスタートアップ企業の中でも労働組合がある企業もあり、説明の便宜のため割愛させていただくことにしている。

う注意が必要である。

▶裁量労働制活用の運用方法

　裁量労働制の場合、会社側の使用者としては対象となる従業員に対して業務遂行の手段や方法、時間配分に関して具体的な指示をしないことが前提となっており、労働時間の管理を行うことはできない。そのため、遅刻や帰宅時間が早いことをもって評価すること、減給処分とすることはできない点も運用上の注意点となる。

　もっとも、タイムカードでの入退出の記録自体は違法とはならず、従業員の健康福祉やメンタルヘルスの観点からも、勤務時間の把握を会社側で行うこと自体は問題とはならず、むしろ長時間働く者に対して相談窓口の案内や健康診断を実施するといった従業員の健康福祉を図ることが安全配慮義務[13]の観点から求められる。

（4）その他の残業代を固定化する制度
　　　（企画業務型裁量労働制・高プロ制度・管理監督者）

　このような専門業務型裁量労働制のみならず、冒頭でも触れた、事業運営に関する企画、立案等の業務を自らの裁量で行うホワイトカラー（いわゆる管理部門に携わる従業員のことを指す）業務に関しても企画業務型裁量労働制として、みなし労働時間による運用をすることができる。

　また、高度な専門知識を有する年収の高い労働者について適用が可能になる高度プロフェッショナル制度がある。対象労働者については、1日8時間・1週40時間という労働時間の規制や、休憩時間の規制、休日の規制、深夜労働に関する規制などが除外される。

　他にも、経営者又は経営者と一体となっている人員は、「管理監督者」

---

[13]　労働安全衛生法に基づく面接指導（法定時間外・休日労働が月80時間を超え、疲労蓄積が認められる労働者からの申出があった場合の実施義務等）の対応などが必要となる。

（労働基準法41条2号）として労働時間に関する同法の適用を受けない。そのため、このような人員の労働時間管理は不要であり、かつ、残業代を支払う義務もない。ただし、これも誤解があるところであるが、単に「管理者」「責任者」等の形式的な地位が与えられていれば、「管理監督者」に当たるものではない。（1）労務管理について経営者と一体的な立場にある、（2）労働時間、休憩、休日等に関する規制の枠を超えて活動することが要請されざるを得ない重要な職務と責任を有し、現実の勤務態様も労働時間等の規制になじまないような立場にある、（3）基本給や役付手当、ボーナス等の一時金の支給率や算定基礎賃金等について一般労働者に比して優遇措置が講じられているといった要素を踏まえて判断される。

　上記を踏まえて管理監督者として評価しない場合には、残業代を支払う必要がある。

（5）変形労働時間制

　1日8時間・1週40時間が上限という原則を一律に適用すると、忙しい時期には残業代が増す一方、忙しくない時期には労働してもらう必要がないのに給与を支払わなければならないという不都合が生じる。そこで、忙しい時期には労働時間を延長し、忙しくない時期には労働時間を短縮するなど、柔軟な労働時間の調整をすることができる制度を変形労働時間制という。

　例えば、1か月単位の変形労働時間制の場合、1か月間を平均して1週40時間の範囲内であれば、特定の日又は特定の週の労働時間が8時間を超えてもよい。この制度を採用すれば、1か月間の特定の時期（例えば月末など）に忙しくなるような業務の場合には、月末には週40時間以上労働してもらいつつ、それ以外の時期には週40時間未満の労働とし（平均して週40時間）、1か月単位で所定の労働時間内となっていれば残業代を支払う必要はないことになる。同様に、1年単位の変形労働時間

制の採用も可能であり、企業の繁忙期等を踏まえて採用を検討すると有用な制度である。

　導入手続きは、1か月単位の変形労働時間制の場合には、就業規則又は労使協定により、変形労働時間制の内容について規定することで足りる。一方で、1年単位の変形労働時間制の場合は、労使協定及び就業規則において変形労働時間制の内容を定め、労使協定を労働基準監督署に届け出ることが必要となる。

（6）フレックスタイム制

　フレックスタイム制（労働基準法32条の3）とは、1日の労働時間の長さを固定的に定めずに、3か月以内の一定の期間（清算期間）の総労働時間を定め、労働者は会社側が定めた総労働時間の範囲で労働時間を労働者側で決定できることで、当該労働者が効率的に、そしてワークライフバランスを両立させながら働くことができる制度である。

　導入するためには、労使協定を締結するとともに、清算期間が1か月を超える場合には、労働基準監督署への届出が必要である。

　以上のような制度を適法に、そして自社の労働環境や企業文化に適した設計を行うことによって人材を効率的に活用することができ、一方で従業員としても納得のいく働き方ができると考えられている。

第 7 節　従業員とのミスマッチが生じた場合

1　従業員とのミスマッチ

　採用過程を幾度も経て採用を行った場合でも、従業員と様々な面でミスマッチが生じてしまうことがある。従業員の経験、能力値が高い場合でも、企業文化と沿わない、上司と相性が良くないなどの理由により、その能力が埋没してしまうときもある。

　このような場合、企業としてどのような行動をとるべきかが求められる。まずは法的行動ではなく、従業員が活躍できるよう努力を行う使用者側の在り方が問われる局面ではあるが、止むを得ず法的行動を取らざるを得ない場合の解説を行う。

2　日本における解雇規制のルール

　解雇について正しく理解する必要があろう。

　解雇とは、企業側が一方的に雇用関係を終了させることをいい、従業員への制裁として行われる「懲戒解雇」、解除の原因が従業員側にある「普通解雇」、企業側の経営上の都合で行う「整理解雇」という主に3つの性質に分かれる。それぞれ解雇を行うことができる要件のハードルが異なっている。解雇の要件を以下で説明する。

▶就業規則等の定めがあること

　解雇事由は、就業規則又は雇用契約書等に定めがなければならない。特に懲戒解雇の場合、労働者に対する懲罰であるため明確な定めが必要とされる。懲戒解雇の場合、このような定めがない場合には無効となる。

▶解雇することが社会通念上相当であること

　労働契約法16条には、以下のとおり企業が有効に解雇を行う要件が定められている。

> 　解雇は、客観的に合理的な理由を欠き、社会通念上相当であると認められない場合は、その権利を濫用したものとして、無効とする。

　同条に記載があるよう、解雇を有効に行うためには客観的に合理的な理由があり、社会通念上相当であると認められる必要がある。典型的には以下のとおりである。

　まず無断欠勤、遅刻等の勤怠不良が想定される。想定事由において解雇を行うため、無断欠勤が複数回あったとして、すぐさま解雇を行うことはできない。勤怠不良である従業員に対してその原因を聴取した上、指導・是正要求を継続的に行う必要がある。それにもかかわらず改善の余地が見受けられず、業務上の支障も顕著になってきた結果、解雇しか選択肢がとり得ないといった場合に初めて解雇が有効になるようなハードルを想定しておくとよい。

　これは勤怠不良以外のケースでも同様である。スタートアップ企業といえど、能力が伴わないからといってすぐに解雇してはならない。能力の不足の程度が著しいものであり、業務上の支障が生じた上、今後教育をしてもなお向上する可能性がないといえるような限定的な場合に認められる可能性がある。

　会社として指導や改善要求といった他の選択肢をとってもなお改善の見込みがない場合といった最終手段で解雇を選択肢に入れられる。このような会社側からの改善努力を無視した解雇権の濫用は無効であるどころか、残った従業員にとってもわだかまりを残す結果を生む。注意されたい。

▶解雇手続き（解雇予告手続き）

労働基準法20条本文には以下のように定められている。

> 使用者は、労働者を解雇しようとする場合においては、少くとも30日前にその予告をしなければならない。30日前に予告をしない使用者は、30日分以上の平均賃金を支払わなければならない。

同条の定めのとおり、原則的には解雇を行う場合には、遅くとも30日前には解雇予告を行う必要がある。もっとも、周囲の従業員に多大な迷惑を被らせている従業員のような場合など、30日間就業させることにより業務に多大な影響を生じさせる可能性があるとき、以下の手段を検討する余地がある。

①30日分の平均賃金を解雇予告手当として支給する場合、及び②解雇予告をする日数と解雇予告手当の日数を合算して30日分にする場合である[14]。②の合算とは、例えば15日前に解雇予告をする場合には、15日分の平均賃金を解雇予告手当として支給することにより、合算して30日となるような場合である。もっとも、以下のような場合には解雇予告手当が不要になるため、確認しておくとよい。

> 除外認定事由（労働基準法20条１項但書）
> ①　天災事変その他やむを得ない事由のために事業の継続が不可能となった場合
> ②　労働者の責に帰すべき事由に基づいて解雇する場合
> 労働者の性質上、解雇予告が不要な労働者（労働基準法21条）
> ①　日々雇い入れられる者
> ②　２か月以内の期間を定めて使用される者

---

[14] 厳密にいえば、労働基準法119条１号に定める罰則の適用を免れる要件であり、原則としては30日前に解雇予告を実施すべきである。

③　季節的業務に4か月以内の期間を定めて使用される者
④　試用期間中の者

　なお、念のために説明しておくと、解雇予告手当は解雇のために必要な手当であって、解雇予告手当を支払えば解雇が認められるものではない。就業規則等への定めがない、社会通念上相当な場合でない場合には、たとえ解雇予告手当を支払ったとしても解雇することはできない。

▶解雇が禁止されるルールを知る

　また、法令において解雇が禁止されている場合がある。例えば、国籍・信条・社会的身分を理由に差別的な解雇を行う場合（労働基準法3条）や企画業務型裁量労働制の適用を受けることに同意しない場合に解雇を行う場合（同法38条の4第1項6号）などが挙げられる。このような場合には、前述した解雇に客観的合理性がある場合や解雇予告を行った場合であっても違法となることから、ルールを把握しておく必要がある。

COLUMN

スタートアップ企業における試用期間の設計

　企業としては採用プロセスを慎重に設計するほか、正社員として雇用するのではなく、有期雇用として採用する方針のスタートアップ企業もある。

　また、入社後においても試用期間として通常の就業に従事させながら、試用期間内に当該従業員の適格性を判断する期間を設ける方法も採用されることがある。試用期間の長さは企業によって様々であるが、一般的には３か月か６か月で設計されている場合が多い。余りにも長い期間の設定は無効になる可能性もある。

　もっとも、試用期間に関する根強い誤解は、試用期間内又は試用期間満了時には企業が自由に解雇できる、というものである。試用期間中に退職させることや、試用期間満了時に本採用を拒否する場合であっても、解雇に他ならない。最高裁判所の判例によれば、「企業者が、が採用決定後における調査の結果により、又は試用中の勤務状態等により、当初知ることができず、また知ることが期待できないような事実を知るに至った場合において、そのような事実に照らしその者を引き続き当該企業に雇用しておくのが適当でないと判断することが、解約権留保の趣旨、目的に照らして客観的に相当であると認められる場合」に解雇が可能とされている。

3　退職事由

（1）合意退職

　解雇以外に企業から従業員が去る事由としては辞職と合意退職がある。辞職は、労働者側から一方的に労働契約を解消する旨を求める手続きである。一般的には、労働者が退職願を提出する方法によりなされる。他方、合意退職とは、使用者と労働者が合意により労働契約を解消する手続きであり、退職合意書が作成される。

（2）退職勧奨の留意点

　退職勧奨（会社から従業員に退職を求めること）を行うこと自体は法的に否定されるものではなく、裁判例においても「労働契約は、一般に、使用者と労働者が、自由な意思で合意解約をすることができるから、基本的に、使用者は、自由に合意解約の申入れをすることができるというべきである。」[15]とされる。そして、退職勧奨行為が違法であるとされるのは、「退職勧奨の態様が、退職に関する労働者の自由な意思形成を促す行為として許容される限度を逸脱し、労働者の退職についての自由な意思決定を困難にするものであったと認められるような場合」とされる。

　いかなる退職勧奨行為が違法になるのかは、個別的な判断によらざるを得ないが、裁判例では、以下の要素を考慮しているものがある。
・退職勧奨に合理的な理由の有無
・労働者が退職勧奨を拒否しているにもかかわらず執拗に行われたこと
・面談の場所
・面談の時間が長時間に及んだか
・退職勧奨時の発言
　このような要素を踏まえ、企業が万が一退職勧奨を行う場合、従業員

＊15　東京高裁判決平成24年10月31日（日本アイ・ビー・エム事件）

の心的痛みに十分に配慮し、不当な心理的圧迫を決して与えることがないよう留意しなければならない。

第6章

スタートアップ企業の
知的財産戦略の最大化

Legal Guide for Startup

第1節　イノベーションを生み出すスタートアップ企業の知的財産戦略

1　スタートアップ企業と知的財産権との関わり

　自社の技術的な優位性が事業と密接に結び付くバイオベンチャーやハードウェアベンチャーにおいては、製品化以前から自社の技術に関する発明を特許出願する動きがなされている。しかしながら、ソフトウェア産業のスタートアップ企業は、知的財産権を積極的に有効活用する動きは活発には行われていない。自社に知的財産権の活用方法と利便性を判断できる者がおらず、権利化までに時間と費用を費やしてまで権利取得化していないのが理由であろう。

　このような中、クラウド会計ソフトの自動仕訳機能の特許を有するfreeeがマネーフォワードに対し、同社のMF会計ソフトが特許権を侵害しているとして訴訟提起した事件[*1]は、FinTech業界を牽引するスタートアップ企業同士の紛争であるということもあり、非常に大きな注目を集めた。

　他方、著作権などの登録を要しない権利について目を移してみると、著作権について紛争になる事例も多く見受けられ、中にはスタートアップ企業界隈でも有名になる紛争事例が発生している[*2]。

　また、他人が著作権を保有する著作物をいかにして利活用することができるのかという点も新しいビジネスを検討する際に問題になることが多い。他人の著作物は、原則としては利用することができないが、一定の例外に該当する場合に限って利用することができる。キュレーションサービスやバイラルメディア等のサービスをはじめとして、他人が作成した動画・画像・文章・講演等のコンテンツを紹介・引用・整理して成

[*1]　平成29年7月27日東京地裁判決において、請求棄却で確定。
[*2]　例えば、平成25年4月16日に最高裁決定が出されたいわゆる「釣り★スタ」訴訟、平成27年6月24日に知財高裁判決が出されたプロ野球カードを題材としたソーシャルゲームの著作権侵害を巡る訴訟など。

り立つサービスのニーズが高まり、このようなサービスは、今後も重要であることには変わりがない。スタートアップ企業としては、著作権を正確に理解し、他者のコンテンツを尊重した上でサービスを提供する必要があることをより強く意識されたい。

加えて、上記のような権利化できる知的財産権の問題のみならず、権利化できない知的財産の保護も重要な課題となっている。近年では、AIや、IoT分野等のいわゆるビッグデータビジネスの分野において、収集した生データの重要性が高まりつつある。このような生データは、人が創作するものではなく権利化ができないため、著作権等の知的財産権による保護を受けることができない。生データの保護の在り方・利活用の方法といった面がビッグデータビジネスを営むスタートアップ企業にとっては死活問題ともなりかねないため、理解しておく必要がある。

上記にかかわらず、スタートアップ企業が係わる知的財産の問題は多岐に及ぶ。まずは、本書で活用方法の発端を参考にしてほしい。

2　知的財産権の概要

知的財産権とは、人の知的創造活動によって生み出されたもの（知的財産）を、創作した人や企業の財産として保護するための制度であり、「所有権」のように目に見える不動産や動産に関する権利ではなく、アイディアや創作的な情報を保護の対象とする権利である。

知的財産権の種類としては、著作権、商標権、特許権のようによく知られた権利もあれば、実用新案権、意匠権、回路配置利用権などがあり、これらの権利を総称して知的財産権という。人のアイディアや創作的な情報などに保護をしなければ、創作するインセンティブが失われ、社会全体での創作的活動が促進されないために、一定の保護を与えるようにしている。

各権利により、保護対象となるものや、保護を受ける手続きが異な

る。スタートアップ企業は、自らに関連のある知的財産を把握した上、①自社のアイディアや創作的な作品を生み出した場合には、知的財産権として保護するという観点、②自社の開発するものが他社の知的財産権を侵害しないかという観点、③自社の知的財産権を有効活用し、事業収益化していくための観点から戦略を構築していく必要がある。

	名称	保護対象	保護の根拠となる法律	保護を受ける手続き
知的財産権	特許権	発明	特許法	出願・登録が必要
	実用新案権	考案	実用新案法	
	意匠権	デザイン	意匠法	
	商標権	ロゴ・マーク	商標法	
	回路配置利用権	半導体集積回路の回路配置	半導体集積回路の回路配置に関する法律	
	著作権	文芸・学術・美術・音楽・プログラム等	著作権法	手続きは不要

第2節　スタートアップ企業と著作権

1　著作権

　著作権とは、著作者が自ら創作した「著作物」を排他的に利用することができる権利である。この「著作物」とは、「思想又は感情を創作的に表現したものであって、文芸、学術、美術又は音楽の範囲に属するもの」（著作権法2条1項1号）であり、その具体例としては、自ら創作した小説、音楽、舞踊、美術、建築、図形、映画、写真、プログラム等が著作物となり得る。「著作者」として認められるためには、著作物を創作すれば足りるため、登録等の手続きをする必要はなく、創作した瞬間に著作権が発生する。

　このように、著作権は、「創作的な」ものに生じるものであり、創作性がないものについては生じない。ここで留意するべきであるのが、ビジネスを実施するうえで発生するデータ（例えば、機器がセンシングした稼働データ等）については、それは単に機器が取得したものであり、思想又は感情を創作的に表現したものではない。とすると、このようなデータは著作権では保護されないことになる。このため、このようなデータを他社と連携して取得する場合や、他社から譲り受ける場合には、このようなデータの性質を踏まえて、著作権以外の方法で保護しなければならない。具体的には、連携する他社との間の契約書等で明確化することになる。

　また、著作権について注意しなければならないのは、著作物となるのは、創作的な「表現」であり、創作的な「アイディア」ではないことである。「アイディア」か「表現」かの線引きが難しいことが多く、実務上は、裁判所の判断を仰がなければ明確な判断を下すことは困難な場合も多い[*3]。

[*3]　グリーとDeNAの間の「釣り★スタ訴訟」等が挙げられる。グリーがDeNAに対し、同社が運営する携帯電話向けゲームが、自らのゲームの著作権を侵害するものであるとして、ゲームの配信差止と損害賠償を求める訴訟提起をしたという事案。

　著作権には、複製権、上演・演奏権、上映権、公衆送信権、口述権、展示権、頒布権、譲渡権、貸与権、翻訳・翻案権、二次的著作物の利用に関する権利（著作権法21条から28条）等がある[*4]。著作者は、これらの権利を専有するため、第三者が著作物を複製したり、翻案したりすれば、そのような第三者の利用行為を差止めたり、第三者に対して損害賠償請求したりすることができる。これが著作者に認められた権利である。反対にいえば、著作権として認められていない行為については、著作権法上、このような支配権は及ばない。例えば、他人の論文を閲覧することや、プログラムをコンピュータ上で実行すること[*5]は、それがたとえ著作権者の意に反するとしても、著作権法上は問題ない。

　著作権として認められる権利の内容は、以下の表のとおりである。

著作者の権利	権利の内容
複製権（21条）	著作物を印刷、写真、複写、録音、録画その他の方法により有形的に再製する権利
上演権・演奏権（22条）	著作物を公に上演し、演奏する権利
上映権（22条の2）	著作物を公に上映する権利
公衆送信権等（23条）	著作物を公衆送信し、あるいは、公衆送信された著作物を公に伝達する権利
口述権（24条）	著作物を口頭で公に伝える権利
展示権（25条）	美術の著作物又は未発行の写真の著作物を原作品により公に展示する権利
頒布権（26条）	映画の著作物をその複製物の譲渡又は貸与により公衆に提供する権利
譲渡権（26条の2）	映画の著作物を除く著作物をその原作品又は複製物の譲渡により公衆に提供する権利（一旦適法に譲渡された著作物のその後の譲渡には、譲渡権が及ばない）
貸与権（26条の3）	映画の著作物を除く著作物をその複製物の貸与により公衆に提供する権利
翻訳権・翻案権等（27条）	著作物を翻訳し、編曲し、変形し、脚色し、映画化し、その他翻案する権利

[*4]　これらは著作財産権と呼ばれ、著作者の人格的な利益を保護する著作者人格権と区別される。
[*5]　これらは著作権で定められる利用行為（著作権法21条から28条）に当たらず、「使用」と呼ばれる。

二次的著作物の利用に関する権利（28条）	翻訳物、翻案物などの二次的著作物を利用する権利

2　他人のコンテンツの利用

　キュレーションサイトなどの他人のコンテンツを活用するサービスが多数ある。他人のコンテンツを適法に活用する方法について解説する。

　他人のコンテンツを利用する行為について、著作権上の問題があるのは、他人の「著作物」について、複製・公衆送信等の上記の表の利用行為を行った場合である。

　まず、他人のコンテンツが著作物に該当するのかを確認する必要がある。そもそも活用する他人のコンテンツが著作物に当たらない場合、コンテンツの利用は著作権法上問題ない。例えば、他の企業の名称・営業時間等のデータを掲載する場合、このようなデータは創作的な表現ではないため、著作物には当たらず、著作権法上の保護は及ばない[6]。ただし、注意を要するのは仮にコンテンツが著作物に当たらず、著作権を侵害しないとしても、コンテンツを作成するため多大な費用や労力をかけている場合、コンテンツを用いて競合する事業を営むような場合には、コンテンツの作成者の利益（営業上の利益等）を侵害するものとして不法行為責任を負う可能性がある[7]。

　また、他人のコンテンツが著作物に該当する場合、複製・公衆送信等の利用行為に当たるかどうかを検討することになる。例えば、他人の著作物をコピーすれば「複製」に当たり、これをインターネット上で公開すれば「公衆送信」に当たる。他方、例えば他のウェブサイトのリンクを掲載するのみであれば、閲覧者がリンク先から直接に情報を取得する

---

*6　ニュースの見出し記事について著作物性を否定した例（ヨミウリオンライン事件・知財高裁平成17年10月6日）がある。

*7　もっとも、このような法的利益は一次的には著作権により保護されるものと解されるため、著作権法により保護されない法的利益に基づいて損害賠償責任が認められるケースは限定的であると解される（北朝鮮映画事件・最高裁判決平成23年12月8日）。

ため、複製や公衆送信には当たらない。

　以上の検討により、第三者のコンテンツを活用することが著作物の利用に当たる場合、適法に第三者のコンテンツを活用するため以下の方法が必要となる。

①　権利者から許諾を得る
②　権利制限規定に基づいた利用をする

　このうち①は、個別交渉により許諾を得るほか、著作権者が第三者による利用を自由に認めて公開している著作物を利用することになる。食べログ等の口コミ投稿サイトや、Instagram等のSNSなど、ユーザーの投稿を前提として成り立つサービスは、ユーザーからの許諾を受けてユーザーの投稿を利用している法律関係となる。

　②の権利制限規定とは、著作者の許諾を得ることなく著作物の複製等の利用をすることができる場合として、著作権法で例外的に認められた規定である。その内容は様々ある。

　以下では、活用される事例が多いものを紹介する。

▶引用（32条1項）

　著作権法32条1項の要件を満たせば、引用により他人の著作物を利用することができる。同条の要件は、①公表された著作物であること、②公正な慣行に合致するものであること、③報道、批評、研究その他の引用の目的上正当な範囲内で行われるもの、である。

　②③の判断は、必ずしも容易ではないが、裁判例では、
a.　明瞭区別性（引用する側と引用される側が明瞭に区別されること）、
b.　主従関係（引用する側が主であり、引用される側が従たる関係にあること）
c.　出所の明示（引用される側の出所を明記すること）
が重要な要素であるとされる。

通常のキュレーションサイトは元のニュース記事等の「引用」に当たらないと考えられる。なぜならば、キュレーションサイトの多くは、元の記事をまとめただけであることが多く、仮にキュレーションサイトの運営者による論評が付されるとしても、多くの場合、引用される側が主であり、引用する側が従たる関係にあるからである。引用元を示しておけばそれで足りるという理解に基づいてキュレーションサイトが運営されている例もみられるが、誤解である。

▶情報の検索・解析等と著作権

IoT・ビッグデータ・AI等の技術を活用したイノベーションを創出するためには、情報の活用が不可欠である。このような情報の活用が著作権法によって制限がされてしまえば、イノベーションの創出がされなくなってしまう。権利制限規定によって、権利者の利益を害しない場合や、不利益が軽微であるような場合について、著作者の許諾を得ることなく著作物の利用ができる。以下では、このような権利制限規定の例をいくつか示す。

・思想又は感情の享受を目的としない利用（著作権法30条の４）

ディープラーニング等によってAIの開発のための学習用データとして著作物をデータベースに記録する場合や、特定の場所を撮影した写真などの著作物から構成要素を抽出して当該場所の３DCG映像を作成するような場合には、それらの情報を複製することになるため、原則として、著作物の著作権者の許諾が必要となる。

しかし、AIが学習するために情報を読む行為については、人が元の著作物の表現の価値を享受して自己の知的又は精神的欲求を満たすという効用を得る行為とは本質的に異なる。また、３DCG映像の作成については、元の写真が構成要素に過ぎず、写真の視聴によって知的又は精神的欲求を満たすものではない。

このような、元の著作物の思想又は感情の享受を目的としない利用に

ついては、著作権法30条の4により、著作者の許諾がない場合であっても許容される。

　ただし、例えば、3DCG映像によって元の写真の思想又は感情の享受の目的もあり得る場合も想定される。このように元の著作物の思想又は感情の享受をも目的とする利用は、当該規定によっても許されない。

　同じく、「著作権者の利益を不当に害することとなる場合」にもこの規定は適用されない。例えば、市場で販売されている学習用データベースを複製する行為などは、著作権者が販売することによって得られる利益を害するものであるので許されないものと考えられる。

・電子計算機による情報処理及びその結果の提供に付随する軽微利用等（著作権法47条の5）

　書籍や音楽等の情報や、インターネット上の公開情報等を検索するサービスでは、これらの情報をデータベース化し、情報を検索する利用者向けに提供している。このようなサービスの運営者は、検索情報として著作物の内容の一部を提供しているため、著作物の複製・公衆送信等の利用をしていることになる（例えば、Google等で情報を検索するとその記事の一部がウェブサイトのタイトルとともに表示されるようなケースである）。

　また、書籍や音楽等の情報や、インターネット上の公開情報等を解析して、その結果を利用者向けに提供するサービスも、著作物の複製、翻案、公衆送信等を行うことになる。

　このような情報の検索・解析のための著作物の利用は、社会的なニーズが高い一方、情報の提供に付随するものに過ぎず、著作権者に生じる不利益も小さいため、著作権法47条の5の要件を満たすことによって、著作権者の許諾なく行うことができる。

　ただし、著作物の利用行為は、情報処理の結果の提供等に「付随」するものでなければならないため、あくまでも結果の提供を主たるものとし、それに対して従たるものという位置づけになければならない。

　また、著作物の利用も、「軽微」でなければならないため、その利用される割合や分量、情報の精度等に照らして「軽微」と評価される範囲にとどまる必要がある。

　加えて、たとえこのような軽微利用であっても、著作権者の利益を害するおそれがあるため、政令により定める基準も満たさなければならない。具体的には、当該サービスに使用するデータベース等 に係る情報の漏えいの防止のために必要な措置を講ずることや、弁護士等の学識経験者に対する相談その他の必要な取り組みを実施すること、実施するサービスに関する問合せを受けるための連絡先等を合理的な方法及び程度により明示することなどである。

　さらに、たとえ情報処理の結果の提供等に「付随」し、「軽微」であったとしても、利用自体が核心的な部分を表示しているような場合には、「著作権者の利益を不当に害する場合」として、利用することが許されない。

　以上のように要件は細かく規定されているが、これによって情報の検索・解析サービスを提供することができるものであって、ビジネスチャンスとして注目されている。

3　著作権の契約実務上の留意点

　1で述べたとおり、著作権は、登録手続き等を要することなく当然に著作者に生じる権利である。金銭を支払って第三者に創作業務を委託した場合であっても変わりはなく、原則として創作を行った業務の受託者に著作権が生じることになる。委託者に帰属させたいのであれば、受託者から委託者に著作権が移転する旨を合意する必要がある。他方、受託者に著作権を帰属させたい場合、受託者が委託者に複製・翻案等の利用を許諾するという合意形式をとることになる。著作権を委託者・受託者のどちらに帰属させるのかについては、その著作物の内容（流用の可能

性の有無・委託者による利用目的）や、支払われる対価等を踏まえたビジネス判断になる。

　著作権を委託者に帰属させるために、受託者から委託者に著作権を移転させる旨を契約書に規定するのであれば、具体的には、「本業務の成果物に関する著作権（27条及び28条の権利を含む。）は、納品と同時に受託者から委託者に移転する」などの規定を設けることになる。この「27条及び28条の権利を含む。」のように27条・28条の権利を移転させることを明確に定める規定がない場合、27条（翻訳権・翻案権等）及び28条（二次的著作物の利用に関する原著作者の権利）の権利は、譲渡した者に留保されたものと推定される（61条2項）。このため、「著作権を移転する」と規定するだけでは、27条・28条の権利については委託者に移転せず、受託者に帰属することになる。著作権を移転させるのであれば、この点を留意する必要がある。

　また、著作者には、著作者人格権として、公表権（18条）、氏名表示権（19条）、同一性保持権（20条）が認められる。これらは著作者の人格的利益を保護した権利であり、たとえ契約書で合意したとしても、著作者にのみ帰属し、著作者から第三者に移転することはできない（59条）。そこで、受託者から委託者に著作権を移転させるのであれば、著作者人格権については、「行使しない」旨を定めておく必要がある。

4　NFTと著作権

　著作権に対する考え方の発展として参考になるため、NFTと著作権について簡単に説明する。NFT自体については第4章を参照。

　NFT化されたアート作品（NFTアート）については代替性がないため、非常に高値で取引されることがある。このようなNFTアートをNFTプラットフォームで取引する場合、どのような権利関係になっているだろうか。

　NFTアートはそれを創作した者に著作権が発生する。その著作権は、著作者が第三者に譲渡等の処分をしなければ、著作者に帰属したままである。

　プラットフォーマーとしては、NFTアートをNFTプラットフォーム上で購入した利用者に対し、一般に、当該NFTアートを閲覧することを許容するのみである。プラットフォーマーは、通常、NFTアートの著作権を著作者から譲り受けているわけではないので、著作権を利用者に移転することはできない。また、利用者が私的使用の範囲を超えて、そのNFTアートを複製したり、改変したりすれば、利用者が著作者の複製権、翻案権等を侵害してしまう結果を招いてしまう。

　このため、プラットフォーマーは、著作権がどのような行為を禁止しているのかを踏まえて、利用者に対して、NFTアートをどのように利用してよいのか、どのように利用してはならないのかを明確にしておく必要がある。これによってサービスの訴求方法も変わる場合もあるだろう。

　このように、サービスの内容は、取り扱う知的財産の内容を踏まえ、それによって生じる権利を把握したうえで検討が必要となる場合がある。

第3節 **スタートアップ企業と商標権**

1 商標権とは

　商標権とは、ブランドを保護するための権利である。例えば、ルイ・ヴィトンのマークが付けられたバッグであれば、消費者は、そのマークを信用し、高度な品質やデザイン面での信頼を前提にブランドバッグを購入するように、その強力なブランド力を保護するために認められた権利である。このマークを表示しているから、この信用力ある企業が作っていると信頼できるという意味で、出所表示機能とも呼ばれる。

　ブランドを保護するため、企業は会社名や会社のロゴ、サービス名などを商標出願し、登録することによって権利を守ることとなる。著作権と異なり、自ら商標を出願しなければ権利が付与されないため注意が必要である。

　商標の機能としては、以下4つの機能を有するといわれる。

---

　①　自他商品識別機能

　②　出所表示機能

　③　品質保証機能

　④　広告宣伝機能

　そもそもユーザーとして商品を購入するとき、何を指標に購入するのかを要素分解して考えていくとわかりやすい。商品に付されたロゴ等を見て特定の企業の商品であると認識できる①自他商品識別機能が商標にある。

　そして、その商品を開発した企業に対する信頼から、この商品は優れているとの推測を及ぼす。出所を表す機能として②の出所表示機能が商標には備わっている。また、同様の品質への信頼・保証という側面からみたものが③品質保証機能となる。

　以上のような出所・品質への信頼感が一定以上集まった結果、ブランドとしての価値が高まり、商標それ自体が④広告宣伝的な意義を有していく。ブランド化された商標により、自社と他社を識別する機能として商標が存在し、識別性が商標の機能といえる。

　このような機能を有する商標を、法的な権利として昇華させたものが商標権である。商標登録することで、類似した商標を使用する企業に対して差止請求権を行使することができる。

　なお、商標上の「使用」とは、商標が持つ機能（自他商品識別機能、出所表示機能等）を有する使用のことであると裁判例等で理解されている。そのため、単にプレゼン資料で他者の商標を掲載して他社のサービスについて言及したり、ECモールにおいて出品者の商標を掲載して出品者を紹介したりする場合であっても、商標の「使用」には当たらない。このような形態で他者の商標を掲載したとしても、それを見た者は、商標権者がプレゼン資料や、ECモールの出所であると理解するものではなく、商標の掲載が出所表示機能を有しないからである。

2　スタートアップ企業による商標権の活用判断

　会社設立の場合又はサービスをリリースする場合、事前に他社商標権を調査の上、商標権を侵害する可能性があるときは、会社名・サービス名を変更することを含めて検討が必要となる。

　また、会社名及び自社サービス名は商標権を取得するべきである。サービス名が模倣された場合に直ちに差止請求を行う対応をとることができ、抑止力として模倣サービス名の出現を未然に防止することができる。以下ではスタートアップ企業が最低限知っておくべき商標に関する知識を簡単に紹介する。

▶商標をとれない名称

　商標法では商標の登録要件として以下のような場合には、識別性を欠くとして出願が拒絶されるとされている（同法3条）。

　商標とは、自社の業務に係るサービスや商品を、他社のサービスや商品と識別するための識別標識としての機能を有している。そもそも識別性のない商標は拒絶される。そのため、一般用語に近いような普通名称をサービス名に付けていたとしても、商標登録することはできない。

① 商品やサービスの普通名称
② 慣用商標
③ 品質表示語
④ ありふれた氏又は名称
⑤ 極めて簡単で、かつありふれた商標
⑥ そのほか、需要者が何人かの業務に係る商品又は役務であることを認識することができない商標

▶類似性の判断基準

　商標登録後、自社保有の商標に類似するとみられる他社の商標を発見した場合、差止請求を行うかの判断を行う。この場合、商標権の類似性判断が問題になる。この点、以下の3要素により判断されることとなる。

① 外観の類似
② 称呼の類似
③ 観念の類似

① 外観の類似とは、要するに商標の見た目に着目して類似するかを検討するものであり、目で認識できる要素から判断するものである。次に
② 称呼の類似であるが、商標の発音が類似しているかを検討するもの

であり、耳から聞き取れる要素から判断される。最後に、③観念の類似は意味内容から類似性を判断し、思考により認識できる意味内容が同一かどうかという判断要素となる。「企業」と「コーポレート」では、外観も称呼も異なるが、観念は同一であるという捉え方である。

　前記3要素を総合考慮して判断するが、個別具体的な判断をすると一概に形式的判断を行えない事例も多い。過去裁判例を参考に判断を行うこととなるが、スクリーニングとして前記3要素を分析、検討しておくことが望ましい。

3　音や色の商標出願

　商標は、音や色なども保護の対象である。独創的な音楽や色彩などを生み出した場合、これらの商標権の出願を検討することも一考に値する。大手企業を中心に出願が進んでいるが、まだまだ出願件数は少なく、自社ブランド確立という重要な経営要素として、商標を捉えてみることも重要な視点であろう。

図6-1 新しいタイプの商標

動き商標	文字や図形等が時間の経過に伴って変化する商標（例えば、テレビやコンピューター画面等に映し出される変化する文字や図形など）
ホログラム商標	文字や図形等がホログラフィーその他の方法により変化する商標（見る角度によって変化して見える文字や図形など）
色彩のみからなる商標	単色又は複数の色彩の組合せのみからなる商標（これまでの図形等と色彩が結合したものではない商標）（例えば、商品の包装紙や広告用の看板に使用される色彩など）
音商標	音楽、音声、自然音等からなる商標であり、聴覚で認識される商標（例えば、CMなどに使われるサウンドロゴやパソコンの起動音など）
位置商標	文字や図形等の標章を商品等に付す位置が特定される商標

出典：特許庁ウェブサイト

図6-2　それぞれの新商標の図

動き商標

ホログラム商標

色彩のみからなる商標

音商標

位置商標

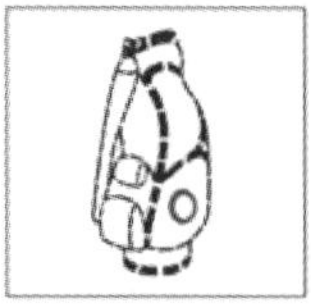

出典：特許庁資料より抜粋

第4節　スタートアップ企業と特許権

1　特許権

　特許権は新規に発明をした者に与えられる独占権であり、著作権とは異なり、発明者などが特許を出願することによって与えられる権利となる。

　スタートアップ企業からよくある相談として、①この技術は特許の登録ができるのかという法律上の問題[*8]、②法律上は登録が認められるとして、特許出願すべきかの戦略が問題となる。

　特許3852854号は、個人の発明家がクリックホイールに関する特許を登録していたところ、米国企業Apple Inc.が携帯型音楽プレイヤー「iPod」の入力インターフェースとして利用したとした裁判が提訴され、個人の発明家側が勝訴し話題となった。

　①そもそも特許権が認められるためには、世の中に発表されてない技術であることが必要である。ビジネスプランやマネタイズ方法がビジネス上新しくとも、新しい技術を用いていなければ発明として認められない。また、よく誤解されることだが、純粋なビジネスモデル自体は特許の対象とはならない。ソフトウェアと関連した技術を特許保護することにより、類似技術を排斥し、経営者の意図を実現することになる。

[*8]　インターネットサービスなどに係るソフトウェア特許については、そもそも自然法則を利用していないとして発明に該当しないという議論もあるが、実務上はソフトウェアによる情報処理を、ハードウェア資源を用いて実現する方法によって特許登録が認められている例がある。

図6-3 特許の参考例

【特許3852854号】

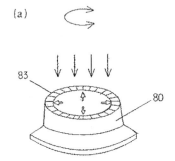

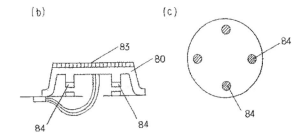

図6-4 コンピューター関連機器として「エーシーアダプタ」に係る意匠の例*[9]

権利者：ラディウス株式会社
登録意匠番号：第1316224号

　また、②特許出願すべきかどうかは、特許化対象技術が他社に模倣される可能性のある有用技術であるかの判断を自社内で行う。模倣可能性により失われる利益を予測し、模倣可能性による喪失利益が、特許登録のためにかかる費用[10]を上回るかという判断になる。詳細は、後述する。

2　スタートアップ企業による特許戦略

（1）はじめに

　スタートアップ企業において、サービス・製品の開発時点では自社のサービス・製品の権利化のための検討を行っていないことが多い。スタートアップ企業は、特許権をどのように活用していくべきか検討していく。

---

*9　意匠に係る創作容易性に係る裁判例としても有名。東京地裁平成24年6月29日判決判例時報2193号91頁。
*10　弁理士費用はまちまちであるが、おおむね出願時に15万円〜20万円、特許登録時に10万円〜15万円のレンジが多く、別途特許庁に納付する印紙税などの実費がかかる。

（2）自社サービス・製品の権利化

　自社で開発しているサービス・製品を権利化することにより、どのようなメリットがあるのだろうか。

　まず、自社技術を権利化することにより、他社が同技術を模倣している場合、差止め、損害賠償請求ができる。このような法的効果があり抑止力があるからこそ、競合他社に権利化された技術を模倣することを躊躇させる効果を生む。それゆえ、市場において独占的な立場で販売を行うことが可能になる。逆にいえば、権利化をしていない場合、著作権法や不正競争防止法といった他の法律に抵触しない限り、自社技術を模倣された場合にも即座に差止めができず、限りある市場の独占化がなくなる懸念がある。

　また、市場が育ってきた場合、大企業を含めた競合他社も参入を検討する。競合他社は、市場の基礎技術を押さえる特許権を有している企業に対しライセンス許諾を得て参入が検討される。そのため特許権を有する企業は、大企業等の競合他社とライセンス契約を締結し、販売された製品の売上からレベニューシェア収益を得ることも可能となる。もちろん、自社で引き続き独占的な地位を維持したい場合においては、ライセンス許諾しない選択肢もあり、大企業の大きな販売力を利用した場合のメリットと比較考慮し決定する。いずれにしても大きなイニシアティブを有し、交渉することが可能となる。

　高い市場成長力を有する分野において、自社が先行的な技術開発を行った場合、独占的立場を獲得することができる。自社で独占販売する方法、販売力のある大企業に独占許諾する方法、何社にもライセンス許諾をし、市場全体を伸ばしつつ、レベニューシェア収益を得る方法などの選択権を確保し、市場コントロールが可能となる。

（3）自社サービス・製品が他社の特許権の侵害にならないことの確認

　さらに、競合他社も権利化をいち早く行う競争関係にある。そのため、市場において先行的な技術を開発したと想定していた場合にも、他社が先行出願している可能性も考えておかなければならない。

　他社が特許権を有している場合、同技術を利用し製品を販売することは他社の特許権侵害となる可能性がある。このような可能性がある中、販売費用を投下し、製品化することは事業リスクとなる。そのため、常に自社と競合するサービスがどのような技術を特許権保有しているのか理解しておくことが望ましい。

　スタートアップ企業が、製品化前に調査しているのは少ないのが実情である。技術力が製品を分かつ業態（例えば、アドテクノロジーやハードウェア開発など）では、社内のリソースを特許権の調査に充てる選択肢も持っておくことをお勧めする。リスクが過大である一方、リソース投下のコストは一部であり費用対効果として見合う。

（4）他社保有特許の買取り・クロスライセンス

　他社が特許権を有していることが判明した場合、市場から撤退する以外にも経営の選択肢はある。

　ます、権利者からライセンスを取得する方法がある。この場合、権利侵害のリスクなく安定的に事業運営できる反面、ライセンス料の支払を要し、高い利益率を有することができなくなってしまう。

　次に、ライセンスの基礎となる特許権自体の譲渡を受ける選択である。これは権利者が譲渡するかに尽きる。しかしながら、自社で有望な市場だと見込んでいる市場が、権利者も同様の見立てをしているとは限らず、その技術を市場参入前に権利化している企業が製品販売をしていない場合も少なくない。

　このような企業は、製品化の見込みのない特許権を保有し続けるよ

り、一定の金額で譲渡してしまった方が企業戦略上、資産効率化に繋がる。譲渡側は、一括で譲渡金額を得ることが有利なのか、非独占的なライセンス許諾によるレベニューシェア収益を得るのがよいのか、自社で参入するのがよいのかを勘案しつつ、適時に判断・交渉する必要がある。

　また、他社保有特許権と、自社が保有する他の特許権を相互にライセンス許諾する「クロスライセンス」という戦略も考えられる。一般的には競合他社と同時期に市場参入を目論んでいる際、双方が異なる特許権を保有することにより双方が特許権を侵害している事態が発生する。このような場合、相互に権利許諾を行い、市場を独占するという方法がクロスライセンスとなる。

　有名な事例としても、OS「Android」を開発する米国企業であるGoogleが、同OSを搭載したスマートフォン端末を開発する韓国企業であるサムスンと相互に特許権をクロスライセンスし、互いの特許ポートフォリオを利用できる戦略的なライセンス方法をとった事例があった[11]。このようなクロスライセンス戦略を実施するためには、当然に自社で特許権を保有していることが前提となる。このような理由から、他社とのクロスライセンス戦略を実施する際の交渉力を上げていくため、自社の技術の権利化を推進している企業も多く見受けられるのである。強力な権利を保持しておくのは、歴史上基礎的な戦略でもある。

（5）あえて権利化せずに秘密を保持する戦略

　権利化による活用方法を解説してきたが、あえて権利化しないという特許戦略もある。特許権を取得する過程において、基本的には、出願から1年6か月後、特許出願された発明は公開されることになる（特許法64条1項）。技術力が開示され、技術情報が公開され、他者に参考にさ

---

*11　この背景には、両社が競合企業であるApple社の開発する「iPhone」に関する特許紛争に対抗していくためとも報道されている。

図6-5 クロスライセンス

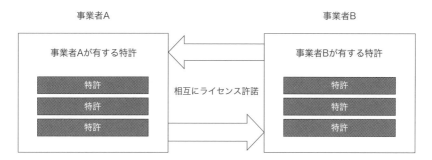

れる。

　そのため、あえて特許出願を行わないことによって市場の独占を図る
といった選択もとり得る。有名な事例として、コカコーラ社は、製造方
法を公開したくないという理由により、特許権をあえて保有していない
戦略をとっている。背景として、特許権の効力は日本の場合、原則出願
日から20年間とされており（特許法67条）、同期間を経過した場合には
他社がこの技術を利用して製品を販売してよいことになってしまう。

　永続的に技術力を独占したい場合、あえて権利化しないという戦略も
あることを念頭に置くべきである。技術を秘匿しておくことで独占市場
を得る戦略をとっていても、自社の秘密管理体制がずさんであれば、技
術情報が流出してしまう可能性もある。そのため、管理体制構築とセッ
トで初めて有効な戦略になる点もあわせて理解すべきである[12]。

3　従業員の発明と職務発明制度

（1）従業員の発明の推奨

　企業が特許権を保有することにより、市場において独占的立場を維持

---

[12]　このような管理体制構築の一環で、秘密管理規程を整備してその運用を監督するような方法
　　が一般的である。

するため、発明を奨励し、新規性のある技術開発を従業員から生み出していくサイクルを構築していくことが求められる。

　全社的に発明を推奨しようと号令をかけてみても、研究者に直接的なインセンティブ制度が設計されていなければ、価値のある研究開発は率先されない。そのため、会社が狙っている市場で有益な発明を行った研究者に対しインセンティブを付与する職務発明制度を構築する必要がある。かかるインセンティブは会社が発明の有益度を認定して、度合いに応じて一定金額を支払う制度、又は売上額に連動して一定のレベニューシェアの分配に預かれる制度とする場合がある。

　制度設計を行う上で重要な点としては、原則として、発明に関する特許を受ける権利は「発明を行った個人」に帰属（特許法29条）するものであり、何らの手当てなしに会社に帰属するものではない点を理解する必要があろう。従業者による発明がされたとしても、会社には発明者の特許を受ける権利を保有していない。何らの対策を講じなければ、発明が会社に帰属することにならない。

　職務発明制度について、企業としてどのような対応をとっていくべきだろうか。

（2）職務発明制度とは

　職務発明制度とは、組織が行う研究開発が国策として重要な役割を占めていることから、企業が積極的に研究開発を促進し、研究を行う従業員も保護されるよう利益調整を図ることを制度趣旨としている（特許法35条）。

　特許法35条1項では、職務発明に該当する場合、企業が当然に通常実施権を有するという効果が定められている。すなわち、職務に関して業務の範囲内において従業員が発明した場合において、従業員の開発環境と研究開発費を投下した企業も利用することができる。そのため、企業としては、発明者の別段の許諾を得ることなく、手続きなしに通常実施

権（特許権を利用することができる権利のこと）を無償で有することに
なる。

　通常実施権は、発明を利用する権利であって、企業が発明に係る特許
権そのものを得られるものではない。そこで、特許法35条3項により、
企業は契約や就業規則等にあらかじめ定めることによって、職務発明が
完成した時点で職務発明の特許を受ける権利を取得できる。これによ
り、職務発明のたびに特許の取得について従業者と合意することなく発
明を自らに帰属させることができる。

　これを踏まえて、特許法35条4項では、契約や就業規則において（通
常は就業規則に定められる）、職務発明については企業に特許を受ける
権利・特許権を事前に承継する場合、企業は従業員に対して「相当の利
益」を与えなければならない旨規定されている。相当な「利益」とある
とおり、必ずしも金銭に限らず、例えば、使用者負担による留学機会の
付与、ストックオプションの付与や、昇給を伴う昇進、所定の日数を超
える有給休暇の付与などがあり得る[13]。

　上記を前提として、特許法35条5項により、職務発明に関する就業規
則・職務発明規程に関する定めが不合理なものとならないようにしなけ
ればならないことが定められている。その考慮要素として、①使用者等
と従業者等との間で行われる協議の状況、②策定された当該基準の開示
の状況、③相当の利益の内容の決定について行われる従業者等からの意
見の聴取の状況等が定められており、このようなプロセスに基づいて就
業規則・職務発明規程を作成する必要がある。

　上記枠組みである以上、相当な利益の付与なしに会社が従業員の行っ
た発明を承継し、莫大な収益を上げるような場合には訴訟リスクを伴う
可能性が考えられる。

---

[13] 特許法35条6項の指針（ガイドライン）28頁目

（3）スタートアップ企業がとるべき職務発明制度

　スタートアップ企業に発明がある場合、発明が全て個々人の従業者に帰属するのでは、発明を組織的に有効活用することは難しくなる。そのため、就業規則又はこれに基づく職務発明規程において、職務発明において特許を受ける権利は会社に帰属するよう定めておくことが求められよう。

　その上で、相当の金銭その他の経済上の利益を与えるための手続きが重要視されるため、この手続きの設計こそが重要となる。特許法第35条第6項に関する指針（平成28年経済産業省告示第131号）を参考にして適切なプロセスを踏む必要がある。

ビッグデータと知的財産権

1　ビッグデータの重要性

　AI、IoT等のビッグデータビジネスにおいて生データの重要性が増している。例えば、IoTでは、あらゆるモノからモノの状態をセンシングすることにより、これまで収集することができなかった情報を収集している。例えば、スマートウォッチでは、センサーにより常時、人の血圧・脈拍等の情報や、人の位置情報を収集することができる。人の脈拍等のデータや、人の位置に関するデータは、単純なデータに過ぎないが、これを「常に」収集してビジネスに活用することができるようになったのは、あらゆるモノにセンサーが設置され活用されるIoT時代ならではの事象である。企業としては、このようなデータについて、いかにして自社で囲い込むのか、又は自社で利活用するのかという点が重要になる。

2　知的財産権による保護の可能性

　ビッグデータビジネスを行う企業は、生データそのものについては、「著作物」ではなく、著作権による保護は及ばない点を理解しておくべきである。著作権法2条1項1号では、「著作物」とは、「思想又は感情を創作的に表現したものであって、文芸、学術、美術又は音楽の範囲に属するものをいう。」と定義され、創作性が必要である。生データは単に収集された情報に過ぎず、誰かが創作したものではないため、著作物には当たらない。

　また、生データそのものではなく、そのデータを集積したものについて、編集著作物（著作権法12条）・データベースの著作物（著作権法12条の2）として保護できないかが検討されるが、これも一般的なビッグ

データビジネスにおいては困難と言わざるを得ない。編集著作物は、「編集物（データベースに該当するものを除く。）でその素材の選択又は配列によって創作性を有するものは、著作物として保護する。」と定義され、データベースの著作物は、「データベースでその情報の選択又は体系的な構成によって創作性を有するものは、著作物として保護する。」と定義される。これらの定義からわかるとおり、単に情報を収集した集積を著作物として保護するというものではなく、素材の選択・配列又はデータの選択・体系的な構成に「創作性」が要求される。一般的なビッグデータの集積は、後に検索しやすいように単純な順序により配列・整理されるものであり、創作性がないと評価されることが通常である。

　以上のとおり、ビッグデータについて知的財産権による保護は困難といえる。

3　ビッグデータの保護の可能性

　ビッグデータの保護の可能性を検討すると、知的財産権ではなく、民法、不正競争防止法、契約による保護の可能性が考えられる。

▶民法

　ビッグデータはデータの集積であり、創作性があるものではないが、その収集の過程で企業が多大な労力・コストを負担して収集するものがある。IoTによるセンシング技術はこの一例であろう。このようなビッグデータを第三者がフリーライドすると、企業の営業上の利益が侵害される可能性がある。ビッグデータを収集した企業としては、このような第三者に対して損害賠償請求により対応することが考えられる。

　しかし、データに排他的利用を認めるのは、著作権等の知的財産権の役割であり、このような権利化できないデータについて排他的利用を認めるべきではないという理解があり、裁判例でもこの点が確認されてい

る（北朝鮮映画事件：最高裁平成23年12月8日判決）。

　他方、企業の投下したコスト・労力のほか、第三者による利用の態様等を考慮して、このような損害賠償を認めた裁判例もある（ヨミウリオンライン事件：知財高裁平成17年10月6日判決・翼システム事件：東京地裁平成13年5月25日中間判決）。ただし、上記原則を踏まえると、あくまで例外的な判断と理解するべきであろう。

▶不正競争防止法

　不正競争防止法は、「営業秘密」について、「不正競争行為」を禁止する法律である。ビッグデータが「営業秘密」に該当する場合、このような営業秘密を不正に取得したり、不正に使用したりすることが禁止される。これによれば、ビッグデータの保有者は、ビッグデータを不正に取得したり使用したりした者に対し、損害賠償請求・差止請求などをすることが可能となる。

　「営業秘密」に該当するためには、①秘密管理性、②有用性、③非公知性が必要である（不正競争防止法2条6項）。ビジネスに活用できるビッグデータであって、保護が必要であれば企業も秘密に管理するため、通常①②は満たすものと考えられる。

　ただし、IoTやAIなどのビジネス分野では、③の非公知性が問題となる。データのオープン化が重要であり、自社でデータを買い込むのではなく、データを他者にオープンにし、反対に、他者からもオープンにしてもらう。これにより、広くデータを利活用したイノベーションが期待される。このようなデータの活用のされ方が見込まれるIoTやAI等の分野においては、営業秘密としての保護が困難な場合があろう。

▶契約

　上記の法理論を踏まえると、データの利用・秘密保持に関しては契約で解決する必要がある。

　データを第三者に提供して共有する場合には、提供すべきデータと、自社で保護するデータを区別し、第三者に利用権限として与える範囲を適切に切り分けなければならない。このような利用権限の設定は、相手方企業との契約でされることになる。したがって、相手方企業との合意の形成にあたって重要なポイントを押さえ、適切な契約条項を定めなければならない。

　データを提供して共有する契約は、データの使用許諾契約であると整理される。このような使用許諾契約は、民法に規定がない契約類型（非典型契約）であるため、民法に従っても適切な解決が期待できない。そのため、契約の性質を踏まえ、当事者間で明確に条項を定める必要がある[14]。

▶利用権限の配分に関する契約交渉と独占禁止法

　スタートアップ企業は、データに関する利用権限の設定に関して、大企業との間で交渉を行う場合もあろう。交渉力に差が生じ、データに関する利用権限について、不当に不利益な条件を課される場合が想定される。

　しかしながら、このような行為は、独占禁止法の優越的地位の濫用（独占禁止法2条9項5号）に違反する可能性がある。優越的地位の濫用とは、①取引当事者の取引上の地位が相手方に優越していること（優越的地位）を利用して、②正常な商慣習に照らして不当に、不利益を与える行為（濫用行為）を行うことをいう。

　スタートアップ企業としては、利用権限の配分に関する契約交渉は、上記の力関係に依拠するものではなく、データの創出・管理・利用に関する寄与の度合い・コストの負担・対価の程度・当事者間の関係性等の様々な点を考慮してされるべきものである点を理解し、利用権限の配分

＊14　経済産業省は、2015年10月に、「データに関する取引の推進を目的とした契約ガイドライン」を公表しており、参考になる。

を交渉していくべきといえる[15]。

第7章

契約実務

Legal Guide for Startup

7

第1節　ビジネスと契約

　ビジネスを行うにあたって、契約が不可欠であることはいうまでもない。企業活動を営む以上、取引先、投資家、他の株主、従業員、外注先など様々な利害関係者との間で取り決めをしておくことが必要となるからである。

　スタートアップ企業において、契約書の管理が特に重要な存在意義を持つ場面は、2つある。

　1つには、利害関係を有する者との間で紛争が生じたときである。前述したように、起業をすると様々な利害関係人との関わりが必要になる。例えば、第2章でも解説したとおり、共同創業者は同じビジネスを成功させる目的を持ったパートナーである反面、持株比率をシェアする利害関係者でもある。このような共同創業者との関係が悪化すれば、ビジネスが立ち行かない結果を招きかねない。このような場合に、何らの取り決めが書面化されていなければ、その内容が不明となり、解決までに多大な時間をとられることや、そもそも解決できない事態を生じさせることもある。そのため、当事者間で取り決めをした上で、書面化しておくことが重要である。

　2つ目には、資金調達やM&A、IPOでのデューデリジェンスを受ける場面である。法務デューデリジェンスを受ける際には、審査する側が依頼した弁護士に対し、自社の有する契約書を開示することになる（開示する対象となる契約書の範囲は審査の規模によるが、創業時からの一切の契約書を開示することも珍しくない）。このときに、審査側にとって重要な契約について契約書が存在していなかったり、内容が不適切であったりすれば、改めて契約書を交わすことになるなどの負担を受ける場合や、そもそも希望する資金調達等の結果を得られない場合があり得る。このため、契約書は適切に管理することが重要といえる。

　日常のビジネスにおいては契約書がないから困るという場面は多くはないかもしれないが、上記のとおり、スタートアップ企業の存続にもかかわりかねないため、契約書の重要性は創業時から意識しておくべきである。

第2節　契約書の形式

1　契約書の基本形式

▶契約の方式は自由

　契約書の形式は、自由に決めることができるのが原則である[*1]（民法第522条2項）。このため、契約書がなくとも、契約書に押印がなくとも、当事者間の合意さえあれば、契約は成立する。このため、電子メールやFAXでのやり取りであっても、口頭であっても契約自体は成立する。もっとも、実際に紛争があった場合には、例えば「口頭で契約が成立しました」と主張しても、相手方が認めないリスクが高いため、何らかの方法で書面化しておくことになる。このように契約書のスタイルには特にルールがないため、後から記載の内容がわかるような形式で作成されていれば、基本的には法律上の効力が否定されることはない。

　ただし、通常の契約は、署名や記名・押印をするなどの一定の形式を整えてなされるため、その形式を整えていないのであれば、契約書が適切に作成されたことについて疑義を挟む余地を与えることになる。特に、契約書が役立つのは紛争が生じた場面であるため、契約書を使う際には、相手方は相手方にとって都合のよい主張しかしない可能性が高い。また、デューデリジェンス時には、適切に作成されたものであるのかを第三者からチェックされることになる。このため、一般的な契約書の形式にならって作成しておくべきこととなる。

　なお、契約書とは、当事者間の合意を示した文書であるので、そのタイトルに決まりはない。覚書、合意書などのタイトルであっても、効力に影響があるものではないので、一般的な契約書と同様の重要性を有するものであることを認識しておく必要がある。

---

*1　例外として、例えば、保証契約のように書面で行わなければならない契約がある。

▶署名と記名押印

　契約書を作成する場合は、契約を締結する権限がある者が署名又は記名押印する。「署名」は、直筆で氏名を記載することをいい、「記名押印」は、直筆以外の方法（ワープロソフトやゴム印など）で氏名を記載して印鑑を押すことをいう。

　せっかく契約書を作成しても、相手方が「私はその契約書を作成していない」などと主張されてしまう場合があり得る。これを防ぐために、署名又は記名押印がされる。

　日本の商取引では、印鑑文化が根強かったこともあり、署名ではなく、記名押印で済ませることも多かった。もっとも、昨今では契約締結に際し、印鑑ではなくクラウドサイン等のクラウド型電子署名サービスが普及しているため、この点は後述する。

▶実印と認印

　印鑑には、実印と認印がある。実印は、印鑑登録がされた印鑑であり、認印は、印鑑登録がされていない印鑑である。契約書に押された印鑑が実印であろうとも、認印であろうとも、契約書の形式として問題はない。

　ただし、認印である場合には、会社とは全く関係がない印鑑が押されている可能性も否定できない。「私の印鑑ではないから、その契約書を作成したのは私ではない」という反論を許す可能性があることになる。

　そこで、重要な契約については、実印で押印することとし、その印鑑証明書の提示を求めておく実務慣行も従来までは一般的であった。

▶契約の締結権限

　契約は、会社を代理して行うものであるため、このような代理権を有する者が名義人（契約書に作成者として示される者）となる必要がある。代表取締役は、会社の代表機関であるため、代表取締役の署名又は

記名押印があれば、特に問題はない。

　しかし、契約書に署名又は記名押印する者が、「代表取締役」ではなく、「営業部長」「支店長」等である場合がある。このような場合には、その者が会社の代理権を有していない可能性がある。代理権がない者と契約をした場合、原則として、その契約の効力は、会社に帰属しない。そのため、契約書の名義人が誰であるのかについては、配慮が必要である。

　契約書の名義人が代表取締役ではなかったとしても、「会社の本店又は支店の事業の主任者であることを示す名称を付した使用人」については、その事業や支店に関して、会社を代理する権限があるとされる（会社法13条本文）。このため、「営業部長」や「支店長」等とされた者との間で、その事業や支店に関する契約を締結する場合は、通常、会社に帰属すると評価できる。

　また、営業部長や支店長等ではない場合であっても、「事業に関するある種類又は特定の事項の委任を受けた使用人」については、その事項に関して、会社を代理する権限があるとされる（会社法14条1項）。このため、このような委任を受けた者との契約であれば、会社に効果が帰属すると評価される。

　上記のように、代表取締役以外による契約の締結が会社に効果帰属する場合はある。しかし、基本的には契約の作成権限を確認して締結するのがよいだろう。取引の相手方の性質や、従前の取引の有無などを考慮して、場合によっては契約の締結権限を確認することが無難である。

▶印紙の貼付（電子契約ではない場合）

　契約書を文書で作成する場合、契約書の種類によっては印紙を貼付しなければならない。貼付するべき印紙額は、契約の内容により異なる。例えば、業務委託契約が「請負に関する契約」に該当する場合、印紙を貼付するべきこととなるが、業務委託契約が委任に関する契約である場

合には、印紙を貼付する義務はない。また、業務委託契約が請負に関するものであったとしても、「継続する複数の取引の基本的な取引条件を定めるもの」である場合には、「請負に関する契約」とは印紙代が異なることになる。印紙の貼付が義務付けられる契約書の内容や、印紙代については、国税庁が公開する「印紙税の手引」を参考にするとよい[2]。

　印紙を貼り忘れる場合もある。印紙が貼られていなかったとしても、それ自体によって契約書の効力が否定されるわけではないが、税務調査により発覚した場合、納付しなかった印紙税の3倍の金額を納付しなければならないことになる[3]。

2　クラウド型電子署名サービスによる契約締結

　近年、在宅勤務の要請や業務効率化の観点から紙と判子で契約を締結するのではなく、弁護士ドットコム株式会社が提供する「クラウドサイン」などのクラウド型電子署名サービスにて契約締結する機会が増加している。

　このような電子署名による契約締結は、従来までの紙の契約書に代えて電子データを使用し、また押印に代えて電子署名を使用するという契約締結方法を採る。電子署名サービスを活用することで、郵送費、印刷費といったコスト削減に繋がり、また税法上、電子署名サービスで契約締結すれば印紙の貼付が不要となり印紙税を節約することができる。

　また、紙をやり取りするという時間的コストを削減できるため、従来まで数日かかっていた契約締結作業が、最短で数分で契約締結することが可能であり、営業による申込書の回収やデューデリジェンス時の秘密保持契約の締結など、契約締結時間を短縮することにより企業経営の合理化が可能になっている。

---

[2]　https://www.nta.go.jp/publication/pamph/inshi/tebiki/01.htm
[3]　税務調査を受ける前に自主申告すれば、1.1倍。

　2020年以降、在宅勤務需要の高まりが本格化したこともあり、銀行、製造業、不動産業などあらゆる業種でクラウド型電子署名サービスが普及浸透し始め、東京都をはじめとした行政機関までクラウドサイン等のクラウド型電子署名サービスが活用されることとなっている。

　法律的にもそもそも民法の原則では契約締結方式にルールはなく、紙媒体で契約書を作成しなければならないものではない（契約自由の原則）。このため従来より、大企業では自社で開発したEDIシステムを通して電子発注するなどの実務も見られていた。

　2015年以降「クラウドサイン」などのクラウド型電子署名サービスが提供開始され、2020年に電子署名の基礎法たる電子署名法の解釈変更が行われ、クラウド型電子署名サービス（事業者署名型と評される規格）が同法に定める「電子署名」である旨明確に示されたことを契機に、大企業や地方公共団体にも普及することとなっている。

　また、従来まで労働条件通知書、不動産の売買・賃貸時の重要事項説明に際し、紙の書面で交付する義務が定められる各法規が存在していたが、2023年現在クラウド型電子署名サービスでの交付が解禁され、法的な障壁は取り除かれている。今後よりクラウド型電子署名サービスが浸透していくことが期待される。

3　定型約款

▶定型約款とは

　定型約款とは、サービスの利用規約や、約款等の定型化された契約条件・利用条件等をいう。例えば、ウェブサービスをリリースする際には、利用規約を作成して、ウェブサイト上に利用規約を掲げ、同意してもらうことが一般的である。

　通常、契約を証拠化する場合、契約を締結する当事者間において個別に契約書を作成する。このような個別に締結する契約では、一方が提示

した契約書を、相手方が検討した上で、必要に応じて修正する。これを繰り返して契約書を完成することになる。

　しかし、不特定多数のユーザーに向けたサービスを提供する際に、このような過程を全ての契約当事者との間で踏むことは時間的にも事務負担的にも困難である。また、不特定多数のユーザーに対して、個別に契約内容を条件交渉する必要がなく、一律の契約内容にしておいて特に不都合がない。

　このため、画一的な運用を行うために、定型化された契約条件を使用する必要がある。このような理由により、一般的な契約書のような形式ではなく、定型約款として定型化された契約条件を定め、これを契約内容とする運用をとることがある。このような定型化された契約条件を定型約款（民法548条の２第１項）という。

　以上のとおり、定型約款は、契約書と同様の効力を持つことになる。このため、定型約款を作成する場合には、自社とユーザーの間の権利義務関係を整理して適切に定めておかなければならない。

▶定型約款を契約の内容にするための留意点

　定型約款は、ただ掲げておくだけでは、契約の内容にならない。定型約款が契約の内容になるのは、①定型約款を契約の内容とする旨の合意をしたとき、②あらかじめその定型約款を契約の内容とする旨を相手方に表示していたとき、に限られる（民法548条の２第１項）。

　このため、定型約款を契約内容とする場合には、①・②の運用が必要である。ウェブサービスの利用規約であれば、多くの企業は、ユーザーに利用規約の全文を表示して、「利用規約に同意して申し込む」等へのクリックを求めるなどの運用をとっている。

　もし、このように契約時に定型約款を表示しなかった場合には、請求があるときには遅滞なくその内容を示さなければならないとされる（民法548条の３第１項本文）。契約の内容を知らなかったと主張されてトラ

ブルになるおそれがあるため、可能な限り、契約締結時に明確な表示を
することをお勧めする。

　また、同意を取得する際には、「同意をしていない」という主張がさ
れて紛争に発展する場合に備えて、定型約款に同意をしたことがわかる
ように、書面で同意した旨の同意書をもらうことや、オンライン上の取
引であればログを残すことなどの運用が重要である。

▶定型約款の内容を変更する際の留意点

　定型約款を変更するための手続きについてもルールがある。このよう
な手続きを遵守しなければ、変更後のルールが適用されないおそれがあ
るため、注意が必要である。

　定型約款の内容も契約内容であるため、当事者の合意なく、一方的に
変更できないことが原則である。自社に有利な内容に変更すると、ユー
ザーにとって不利益になることがある。このようなときには、定型約款
を一方的に変更することはできず、原則どおり、ユーザーの同意を得な
ければならない。定型約款の同意を取得したときと同様に、定型約款の
変更内容を明確に表示して、その変更に同意したことを証拠化するべき
である。

　一方で、民法548条の4第1項では、次の①又は②を満たす場合には、
同意なく、定型約款を変更できる旨を定めている。定型約款の内容を同
意なく変更する場合には、このような要件を満たすか否かを判断する必
要がある。

① 　利用規約の変更が、ユーザーの一般の利益に適合するとき、
② 　利用規約の変更が、契約をした目的に反せず、かつ、変更の必要
　性、変更後の内容の相当性、変更をすることがある旨の定めの有無及
　びその内容その他の変更に係る事情に照らして合理的なものであると
　き

　また、同意なく定型約款の変更をするときは、次のとおりの手続きが

求められる（民法548条の４第２項、同第３項）。

① その効力発生時期を定めること

② 定型約款を変更する旨及び変更後の定型約款の内容並びにその効力発生時期をインターネットの利用その他の適切な方法により周知すること

③ 定めた効力発生時期が到来するまで周知すること。

第 3 節 **契約書の内容**

1　契約書の一般条件

　契約書には、当事者間の権利義務関係が定められる。契約の内容は、個別の取引によって、様々であるが、本項では、多くの契約書に記載される一般条件について説明する。多くの契約書に見られる条項に対する理解があれば、スムーズに契約内容の確認をすることができるためである。

▶契約期間

　継続的な契約（賃貸借契約、システムの保守契約、弁護士や税理士の顧問契約等）を締結する場合には、契約がいつからいつまでであるのかを定める必要がある。また、契約満了時に、自動的に更新するかどうかなども契約条件としては重要である。

　なお、物の売買や、単発のサービスの提供のように、単発で終わる取引の場合には、双方の義務が履行されれば契約が終了するため、契約期間を定める必要はない。

▶契約の解除

　契約の解除は、既に成立した契約関係を一方的に失わせることをいう。民法では、催告をして相当期間内に履行がされない場合に解除ができると解される。しかし、契約の性質によっては催告なく直ちに解除をするべき場面もある。このため、契約書に個別的な事情を定めておき、解除に備えることになる。

▶期限の利益の喪失

　「＊＊＊の場合には、当然に期限の利益を喪失し、相手方に債務の全

部を直ちに弁済しなければならない」などの条項を期限の利益の喪失条項という。

　債務に期限が設けられている場合、債務者は、直ちに弁済しなければならないものではない。期限が設けられることは、当事者間の信頼関係を前提に、債務者にとっての利益である。債権者としては、当事者間の信頼関係が破壊させる事情があれば、債務者の利益を喪失させて、直ぐに債務の履行を求める必要がある。

　そこで、期限の利益の喪失条項は、信頼関係を破壊されるような事情がある場合に、このような利益を喪失させることを目的としたものである。

▶損害賠償条項

　日本法上は、損害賠償条項がなくても、債務不履行や不法行為によって相手方から損害を被った場合には、相手方に対し、相当因果関係のある損害の賠償を請求できる。しかし、契約の性質によっては、債務者の義務を制限するために、損害賠償義務を負わないこととするべき場合や、損害賠償額の上限を設けるべき場合がある。また、反対に、損害賠償額を明確化し、債務を確実に履行させることを目的にする場合もある。このような特別な条件を定めるために設けることを主な目的とする。

▶完全合意条項

　民法上、契約書に記載がない事項であっても、合意があれば、契約の内容になってしまう。このため、当事者間に争いが生じた場合には、契約書に記載がない意外な事項が契約の内容であったと判断されてしまうおそれが否定できない。これを避けて、契約書に記載されたことに限って合意したとするべき場合に、完全合意条項を設けることがある。ただし、国内取引では、暗黙の了解等も契約内容から排除すべきではない場

合もあり、定められないことも多い。

▶分離可能性

「本条項のいずれかが違法又は無効と評価された場合でも、それ以外の条項の効力は、影響を受けない」などと定められる。契約書の一部が無効と評価されると、それに関連する他の条項も無効と解釈される場合があり得る。このような解釈を避けるための規定である。

▶合意管轄

どこの裁判所で裁判するか（管轄裁判所）は、第一審に限り、合意で決定できる。管轄裁判所をあらかじめ指定しておき、紛争を解決するための手続きを明確にしておくための規定である。契約交渉上、自社の所在地の管轄裁判所を指定できれば、万が一訴訟になった場合に、裁判所までの交通費や弁護士への日当を節約することができる。

条項は、「＊＊地方裁判所を専属的合意裁判所とする」「＊＊地方裁判所を唯一の合意裁判所とする」などと定めておかないと、民事訴訟法に基づいて、別の裁判所でも訴訟提起が可能となってしまう可能性がある点に留意するべきである。

2　国際取引に関する契約

スタートアップも海外企業と取引する場合がある。このような国際取引に関する契約は、国内での取引とは異なる考慮が必要である。

▶契約内容の明確化

国内取引においては、契約書に定められていない事項は、日本法に基づいて解決されることとなり、かつ、日本法へのアクセスが容易であることから、当事者が協議しながら契約内容を明確化していくことが期待

できる。このため、国内法においては、誠実協議条項として、紛争が生じた場合や、契約に疑義がある場合には当事者間の協議で解決することが定められる。

　他方、国際取引においては、商習慣、文化、社会通念等の相違があることから、契約に対する当事者間の認識に大きな齟齬が生じるおそれがある。このような商習慣、文化、社会通念等から生まれた認識の相違を解決することは困難であることが多い。

　このため、国内取引以上に、契約内容を明確化して紛争の発生を防止する必要がある。このような理由により、国際取引に関する契約は、長大になることが多い。

▶契約の解釈・適用の基準となる法律（準拠法）

　国内の取引では、日本の法令に基づいて契約が解釈・適用される。しかし、海外企業との取引では、契約を解釈・適用するために参照される法令（準拠法）が日本法であるとは限らない。外国法が準拠法となる場合、契約の解釈について紛争が生じ、これを法律に従って解決するためには、外国法を調査しなければならない。費用も時間も大きな負担になる。

　国際取引においては、これを踏まえた対策が必要になる。例えば、準拠法は、当事者間の合意で定められるため、日本法を準拠法とするように契約交渉を行うことが考えられる。ただし、いずれも自国を準拠法としたいはずであり、当事者間の利害対立が明らかな部分である。そのため、スタートアップの場合、通常、契約の交渉力が強くなく、準拠法を妥協しなければならないことが多い。

　準拠法が外国法になる場合には、生じ得る様々なケースについて契約条件を明確に定め、契約の解釈について疑義を残さないようにし、紛争の予防を図ることが重要である。外国法令においても、商取引上の契約においては当事者自治が採用されていることが一般的である。このた

め、契約においてルールを明確に定めておけば、外国法令に優先して、契約条件が適用されることになる。

なお、準拠法に関する合意がない場合には、国際私法（日本では、「法の適用に関する通則法」）によって、準拠法が指定されることになる。ただし、国際私法によっても準拠法は明確ではないことがあり、紛争が生じた場合の予測が困難になるし、当事者間の紛争解決も難しくなる。そのため、国際取引においては、合意により準拠法を明確化しておくべきである。

▶紛争解決手段（国際裁判管轄・仲裁・執行）

紛争が生じた場合に、当事者間で紛争が解決できればよいが、当事者間で解決できない場合がある。契約において、当事者間で解決できない紛争について、どのような手続きで解決するのかを定めることになる。

国際取引に係る紛争の解決手段としては、裁判と仲裁がある。裁判は、裁判所で審理の上、裁判所の判決に基づいて執行する方法である。他方、仲裁は、当事者が紛争の解決を、第三者である仲裁人の判断に委ね、その判断に基づいて執行する手続きである。

裁判で解決することとする場合、どこの国の裁判所に訴えを提起するかを定める。ここで注意するべきであるのは、仮に、苦労して日本の裁判所で判決を得たとしても、外国で執行することができるとは限らない、という点である。日本の判決を外国で執行できるかどうかは、国ごとに異なるため、日本の裁判所で判決を得ても執行できないことがある。例えば、中国やロシアでは日本の判決を執行することはできない。

他方、仲裁は、ニューヨーク条約に加盟する国間では執行が可能である[*4]。訴訟よりも迅速な解決が期待できることもあり、国際取引では仲裁で解決する旨が定められることが多い。仲裁のデメリットとしては、

[*4]　約170ヵ国が加盟。台湾は加盟国ではないが、国内法により仲裁判断に基づいて執行できる制度が整っている。

仲裁人の報酬等も当事者が負担することになるため、コストが高くつく点がある。

　一般論としては、前記の紛争解決手段を採用することになる。ただし、スタートアップ企業において、国際取引をこのような紛争解決手段により解決することは費用面から負担が大きすぎ、現実的ではない。

　そのため、やはり契約の内容を明確化すること、信頼できる取引相手であるのかを調査することにより、紛争を予防するという観点が国内取引以上に重要になる。

第8章

スタートアップ企業の
イグジット戦略

Legal Guide for Startup

8

第1節　IPOとバイアウトと日本のエコシステムの連動

1　イグジットの種類

　イグジットとは、投資家側から見れば投資先に対する投資資金の回収戦略のことを指し、スタートアップ企業側から見ればキャピタルゲインを享受するための出口戦略のことをいう。方法としては、主に2種類があり、IPO（新規株式公開）とバイアウト（Buy-Out、企業買収）によるものがある[*1]。

【イグジット方法】
・IPO（新規株式公開）
・バイアウト（企業買収）

　この点、米国においてはイグジットの約9割は、バイアウトによるものといわれている。著名事例として、動画投稿サービス「YouTube」が2006年にGoogle社に約16億5,000万米ドルで売却した事例や、写真投稿サービス「Instagram」が2012年にFacebook社に約10億米ドルで売却した事例などが見受けられる。

　他方、日本においては、最近でこそ設立後数年でバイアウトを行う事例が増加してきたが、基本的なイグジット方法はIPOが選択されてきた。この選択は、専らスタートアップ企業を買収するメガスタートアップ企業の存在が昨今になりようやく増加してきた市場の問題が大きい。以下、それぞれのメリット／デメリットを分析することとする。スタートアップ企業にとって、どちらのイグジット手段を採用すべきかの判断の材料とされたい。

[*1]　「バイアウト」という用語は、本来的には買収側を主体にするものであるが、反対当事者である創業者から会社売却してイグジットすることも広く「バイアウト」と呼ばれているものであり、本書ではこれにならう。

2 IPOとバイアウトのメリット・デメリットの分析

（1）投資段階の注意点

　起業家がイグジット戦略を策定する際には、今まで自らの企業が投資を受けた投資家に対して、十分な投資資金回収手段となるかを思案することとなる。これは優先株式の設計に関わり、投資段階での設計を正しく行うことでイグジットの選択肢が各ステークホルダーにインセンティブが生まれる余地を残すこととなる。

　例えば、バリュエーション50億円、10％の株式を投資家が有している場合を想定してみる（つまり、投資金額は5億円となる）。スタートアップ企業は、投資資金を効率的に活用しながら企業価値をあげていき、大企業から40億円で買収提案が来る場合がある。そして、競合を含めた外部環境を考慮したとき、より事業シナジーの効く大企業の傘下に入り、十分な資金と安定的成長を継続した方が企業価値を上げることになると判断することが合理的なシチュエーションが時に存在する。もっとも、上記条件下で、起業家がバイアウトを選択する場合、投資家が得られる利益は4億円となる。当初の投資金額は5億円であることから、投資家側の合理的な選択とすれば、投資契約上の事前承諾に係る拒否権を発動し、バイアウトを支持しないこととなる[2]。

　そのため、起業家、従業員、会社自体の継続的成長を考えるとバイアウトを行う方が合理的である場合であったとしても、バイアウトを選択することができないという結論に至る。ベンチャーキャピタルとしては、ファンドの投資家に利益を与えなくてはならないため当然の選択である。

　この点、当初優先株式発行のスキームを投資額の5億円までは優先的に回収することができる優先権を付与し、残りの金額に持株比率に応じて分配される設計にしておけば、話は変わった。投資家としては、少な

---

[2]　もちろんこの場合も、投資先企業の回収方法として当初投資金額を下回った場合にも承諾する場合はあり得るし、大企業傘下になった方が長期的な企業価値が上がると判断し、一部持株を保有したまま承諾を行うような場合も可能性としてあり得る。

くとも投資額までは資金回収が保証され、分配額も受領できるため、起業家が行ったバイアウトの選択を支持する可能性は高まる。優先株式の設計次第で、イグジットの選択肢が変化する典型的な事例となろう。

　上記投資時点での注意点を踏まえた上、イグジット手段としてIPOとバイアウトの各メリット・デメリットを分析し、実務ではイグジット方法の選択を総合判断していくこととなる。

（2）イグジット手段のメリット・デメリット分析

① 　イグジット手段としてのIPOのメリット・デメリット

　　IPOを選択した場合、株式を保有する経営者は株式公開時に証券会社経由で一般投資家に株式を売り出すことで、創業者メリットとなる株式売却益を享受することとなる。また、株式の売り出し数にもよるが、引き続き大株主として株式を保有し続けることが一般的である。すなわち、創業者自身が引き続き会社の支配権を保持しつつ、会社経営を行うことが可能となる。

　　これがバイアウトの場合、基本的には全て、又は大部分の株式を売却先企業に譲渡する場合が一般的となり、会社の支配権は売却先企業に委ねることとなる。売却先企業側は、自らのグループ企業として連結対象としたい意向があるためである。

　　また、経営者個人でなく、企業自体のメリットも当然に選択肢の大きな考慮要素となる。企業としては、株式上場した会社として外部取引先等から社会的信用を獲得することができる。社会的信用の向上は、取引先・金融機関からはもちろんのこと、優秀な人材の獲得という面でも実務上の効果は大きい。

　　そして、従業員としてのメリットも経営者としては考慮に入れる。IPO時の従業員の金銭インセンティブとして、事前に一定の従業員に対してストックオプションを付与している場合がある。ストックオプションの行使条件として、上場後一定の期間経過後に行使することが

できる設計を行うことが一般的であり、行使・売却により、従業員が金銭的享受を受けることができる。直接の金銭的メリット以外でも、従業員は、自らが働く企業が上場企業になったことにより、ローンや賃貸契約時の審査上も有利に働くといった間接的効果も生活面に効く。

　投資家としてはイグジット時の回収資金が多くなる方がよいため、一概にイグジット手段のどちらがよいとは断定できない。

　他方、IPOのデメリットとしては以下が想定される。

　経営株主は、株式公開時に一定の株式売出しこそ行うものの、上場後はインサイダー取引規制や株価の問題もあり、自らの意思で柔軟に株式売却を行うことはできなくなる。経営的観点からしても、一般投資家からは、一定の短期的な利益向上を求められる傾向にあり、四半期毎の決算発表の必要性から、中長期的な視点を保ちづらく、経営の難易度は上がる。投資家に対して、現在利益を出すことよりも利益率を下げてでも投資を行う必要性を理解してもらうことにより、中長期視点での経営は可能であるが、株式価値が毀損しないようIR上の配慮が常に必要となろう。

　また、バイアウトの場合、今後の成長性さえ売却先企業から期待されれば、極端な話、売上がゼロのフェーズでもイグジットが可能である。実際に売上がゼロの場合でも、ユーザー獲得できていることを理由に企業買収する事例は少なくない。IPOの場合、最近でこそ直前期で純損失を計上しながらグロース市場に上場するケースも少なくないが、売上と利益が見込める企業でなければ株式上場を認められる可能性は低い。

　企業負担の観点からすれば、上場準備期間・上場後の維持にかかる監査法人、株式事務代行機関に対する費用は負担となる。そして、社内においても適時に開示を行う体制を構築する必要があり、管理コストは未上場時に比して格段に増加する。

② イグジット手段としてのバイアウトのメリット・デメリット

　基本的にはIPOのデメリットの裏返しとなるが、バイアウトの場合、売却先企業の傘下として企業運営を図ることができる。株式公開時の資金調達金額を利用して企業を成長させていくよりも、大企業の傘下に入り、事業シナジーを活用して事業運営を行う方が成長できる場合は少なくない。例えば、売却先企業が運営する巨大プラットフォームに優先的に掲載されるといった事業面での成長のほか、大企業からの出向社員、人材・技術交流によって、企業価値が向上する効果が期待できよう。このような効果は、バイアウトの選択が優れている面もあり、今後も日本のバイアウト事例は増加することが予測される。

　また、創業者・経営株主の金銭的メリットとして、保有株式を一括して売却することができるため、資産を一気に現金化することが可能となる。創業者・経営株主の金銭的メリットを過度に勧める意図はないが、資産の一括した現金化によって、次なる成長企業に投資を行う投資家側に回っている事例もある。スタートアップに関わるエコシステムを構築していく上では重要な要素である。この点、上場企業の経営者が自社への投資以外に自己資金で他社に投資を行うことは、自社との利益相反関係になる可能性が常に生じることとなり、簡単に投資を行うことはできない。

　企業としては、売却先企業によるデューデリジェンス審査こそあるものの、IPO準備のように2～3年の準備期間を要するものではなく、上場準備コストから比べれば、管理コストがかからない点は魅力的である。同様に、上場時に必要となる四半期毎の決算発表等を行わなくて済み、事業の進捗情報を開示しなくてよい。これは管理事務負担の軽減のみならず、事業戦略上も競合に数値を明らかにせずに事業運営可能となり、実務上は大きなメリットとなる。競合事業がどのようなリソース配分でコストをかけているのか、戦略を参考にされ、競合企業が重要な情報を獲得することとなる。

　最後に、IPOのデメリットにおいて前述したが、投資家からの短期的利益の期待が薄く、中長期的観点からの経営が比較的容易となるのもバイアウトのメリットであろう。売却先企業からの期待とすり合わせながらではあるが、サービスのマネタイズ時期など、投資家の期待に左右されずにサービスを成長させられるメリットは大きい。また、企業売却後に、株式譲渡契約の条件に定められた期間経過後に、企業から退職することも可能であり、社会生活上の自由度は比較的高い。

　他方、IPO時のメリットを享受することができない点が、バイアウトを選択することのデメリットとなる。中でも大きな要素となるのが、従業員メリットである。株式を保有している経営株主は金銭的メリットを享受することになるが、一般的に従業員が株式保有しておらず、従業員へ金銭的メリットを与えることができない。設計次第で一定の金銭的メリットを享受させることも可能ではあるが、IPOの場合と比較すれば低額となろう。

図8-1 イグジット時のメリット・デメリット

	メリット	デメリット
IPO	・創業者に引き続き経営コントロール権 ・会社が上場会社として高い信用力 ・創業者・投資家に経済的利益 ・ストックオプション権利者に経済的利益 ・企業による資金調達	・インサイダー取引規制 ・上場会社役員としての株主への義務・プレッシャー ・長期的経営ができない可能性 ・利益が出ていることが前提（例外あり） ・上場準備コスト
バイアウト	・売却先との事業シナジー ・売却先からの人材・技術支援 ・創業者・投資家に経済的利益 ・長期的視野での経営が可能 ・管理コストが上場に比べかからない ・経営株主の生活の自由	・経営コントロール権が売却先に依存 ・バイアウト時の契約による創業者らの義務 ・従業員の経済的利益 ・企業自体には新規払込みなし

第 2 節　IPOを取り巻くプレイヤーとその機能

1　会社の機関

（1）株式上場準備チーム

　IPOを進めていくに当たり、上場準備に係る体制を構築し、監査法人や主幹事証券会社と連携の上、社内管理体制を整備していく株式上場準備チームを組成することになる。

　株式上場準備チームの業務内容は、多岐にわたる。元々予算制度がないスタートアップ企業も珍しくなく、経理体制の整備のほか、社内管理制度として社内規程の完備、契約書や議事録などの重要書類の完備、事業計画の作成など、一気に会社体制を整える必要がある。上場準備中といえども、当然ながら業務は上場準備業務だけでなく、日々の管理対応や採用活動も並行して行う必要があり、実務を先導して行うことができる人材を選任する必要がある。上場準備経験者でない場合であっても、外部のIPOコンサルタントを選任し、アドバイスを受けながら実務を主導していくことは可能である。

　最近では、公認会計士の有資格者が管理担当役員として就任し、IPOを先導して進めていく役割を担うケースも多く見受けられる。その理由としては、厳格な予算統制制度を構築する必要があるためである。上場後の決算発表、適時開示、業績予想などの開示の必要性から、計画的に経営を行うためにも適切な予算統制が行われることが求められる。将来予測の見通しが困難なスタートアップ企業であっても、月次の予算について、月次決算を締めた後、当該予算との差異を比較分析した上、監査役も出席する取締役会において報告することにより、徐々に精度を高めていくことができる。優秀な経理チームは、適切にコントロールされた経営を可能にするため、上場準備の開始前から外部の会計士と連携して月次で締める体制を構築しておくことが望ましい。

（2）取締役会とその構成員

　スタートアップ企業が上場準備を行う前段階では、創業者のみを取締役に選任し、その後はベンチャーキャピタルが派遣する社外取締役を選任しているような場合も少なくない。同フェーズでは、取締役会が事業側の執行担当役員のみで構成されている場合が多く、上場準備開始にあたって、前述のような管理担当役員を選任することが出発となるケースが一般的となる。

　取締役会の構成員たる取締役が選任された後は、取締役会の任務として、会社の業務上の意思決定を行うと同時に、各取締役の職務執行を監督するという重要な役割を担う。このような監督的機能から、代表取締役の選解任についても取締役の役割とされる（会社法362条２項・３項）。取締役というと業務執行を担う役割との印象が強いが、取締役会としては執行を担う取締役の職務執行を監督する機能を有する点は忘れがちである。

　なお、会社法上取締役会の決議事項としては以下が定められているため、確認しておくとよい（同法362条４項等）。

【取締役会の決議事項】
・重要な財産の処分及び譲受け
・多額の借財
・支配人その他の重要な使用人の選任及び解任
・支店その他の重要な組織の設置、変更及び廃止
・募集社債の金額その他の社債を引き受ける者の募集に関する重要な事項として法務省令で定める事項
・取締役の職務執行が法令及び定款に適合することを確保するための体制その他株式会社の業務並びに当該株式会社及びその子会社から成る企業集団の業務の適正を確保するために必要なものとして、法務省令で定める体制の整備（大会社である取締役会設置会

社では、法定義務）

・定款の定めに基づく取締役、会計参与、監査役、執行役又は会計
　監査人の会社に対する責任の免除の決定

・自己株式の取得株数、価格等の決定（会社法157条）

・株式分割に関する事項の決定（会社法183条2項）

・株式無償割当に関する事項の決定（ただし、定款に別段の定めが
　ある場合は、この限りでない）（会社法186条）

・公開会社における新株発行の募集事項の決定（会社法201、202条）

・一に満たない端数の株式の買取りに関する事項（会社法234条4
　項、5項）

・公開会社における新株予約権の募集事項の決定（会社法238、240、
　241条）

・株主総会の招集の決定（会社法298条4項）

・取締役による競業取引及び利益相反取引の承認（会社法356、365
　条1項）

・計算書類及び事業報告並びにこれらの附属明細書の承認（会社法
　436条3項）

（3）監査役会とその構成員

　上場準備に当たり、少なくとも直前期1年間の監査役による監査実績
が審査対象となるため、株式準備期間において監査役会を設置した上、
常勤監査役を1名選任するケースが典型的な事例となる[3]。

　監査役は、監査計画の策定、取締役会への参加、監査の実施、監査調
書の作成業務などを行い、監査役監査体制を構築・運用していくことに

---

[3]　監査等委員会設置会社とすることも可能であり、上場企業の監査等委員会設置会社化も増えて
　　きているが、監査役会設置とする場合がいまだに多いことから、本稿では監査役設置会社を前
　　提として解説していく。

なる。監査役は取締役とは異なり、業務執行から独立した機関であり、以下のような権限を有することになる。

【監査役の権限】

・取締役の職務の執行の監査（会社法381条1項）

・取締役に対する事業報告請求権、会社業務・財産状況調査権（会社法381条2項）、・子会社調査権（会社法381条3項）

・取締役会への出席義務及び意見陳述義務（会社法383条1項）※ただし議決権はない

・取締役会の招集請求権及び招集権（会社法383条2項、3項）

・取締役の違法行為差止請求権（会社法385条1項）

・取締役と会社間の訴訟代表権（会社法386条）

・取締役等の責任一部免除に関する議案等の同意権（会社法425条3項1号、426条2項、427条3項）

・被告取締役側への会社の補助参加に対する同意権（会社法849条3項）

【監査役会の権限】

・監査役の選任に関する議案同意権、議題提案権、議案提出請求権（会社法343条）

・会計監査人の解任権、選任・解任・不再任に関する議案の決定権（会社法340条、344条）

・取締役から報告を受ける権限（会社法357条）

・会計監査人から報告を受ける権限（会社法397条1項、3項）

・会計監査人の報酬等に対する同意権（会社法399条1項、2項）

監査役の役割として、取締役の職務の執行が善管注意義務・忠実義務を履行し、法令・定款を遵守しているかの業務監査と計算書類等の監査を行う会計監査を行うこととなり、会社の健全で持続的な成長を確保し、社会的信頼に応える良質な企業統治体制を確立することが期待され

る（監査役監査基準2条1項）。

　このような監査役業務を全うできる人員として、上場企業の会社経営経験があり、スタートアップ企業の経営をコントロールすることのできる人員、弁護士・会計士などの法令・会計の専門的知識による監督を十分に担うことのできる人員など、会社の健全性を担保できる人員などが選任される必要がある。

（4）内部監査担当

　内部監査とは、会社内の内部統制を支える機能を有しており、会社における業務執行などが法令や社内規程に準拠して適法かつ効率的に遂行しているかを監査する職務をいう。そして、役割としては合法性の監査とともに、合理性の観点からも検証していくことが特徴的である。

　また、内部監査を設置する上での注意点としては、監査職務を遂行する性質から被監査対象部門からの独立性が求められ、一般的には社長直属の専門部署として内部監査室を設置することとなる。また、管理部門担当者が内部監査を行う企業もあるが、この場合においても管理部門担当者は管理部門以外の内部監査を実施し、管理部門に関しては他部署の担当者が内部監査を実施するなど、独立性が担保できる担当者を選任する必要がある。

　実際の運用フローを以下のように大まかに把握しておく必要がある。

---

①　監査計画書の作成

②　監査の実施（書類監査・実地監査）

③　監査調書の作成

④　監査結果の被監査部門への説明・意見交換

⑤　監査報告書の作成

⑥　社長に対する報告

⑦　社長による被監査部門に対する改善勧告

---

⑧　被監査部門による改善実施計画の作成

⑨　改善状況の確認

2　監査法人

　監査法人とは、財務諸表（貸借対照表、損益関係書、株主資本等変動計算書など）の監査又は証明を行う法人である（公認会計士法１条の３第３項）。IPOに関しては、証券取引所の規則に基づき要求される申請書類に含まれている財務諸表などについて監査を受けていることが求められ（金融商品取引法193条の２第１項）、多数の株主に対して適正な財務諸表などの開示を行う上で信頼性を担保する役割を担っている。監査対象機関としては、IPO目標年度の２期前（直前々期）以降の会計監査等が必要となるため、原則としてこの期間までに監査法人を受け入れる体制を構築しておく必要がある。

　会計監査のみならず、監査法人では上場準備段階において、ショートレビュー（会社の予備調査、短期調査）を行った上で、IPOに向けた会社の改善点を洗い出し、上場準備チームと連携して準備の計画を策定する役割も担うため、IPO準備における非常に重要な役割を担うこととなる。監査法人自体が財務諸表の作成などを行うわけではないが、上記ショートレビューによって明らかとなった事項の指導やアドバイスなども、監査法人の役割の上では重要な機能を果たすこととなる。

　実務上の監査法人の選定方法としては、やはり監査法人自体のIPO実績、監査法人内のチームへの信頼、そして最後は熱意と相性によるものが多い。詳しくは、後述のIPOのスケジュールとあわせ説明していく。

3　証券会社

　証券会社とは、IPOを行う企業が公募・売出し等を行う株式を引き受ける引受業務を行う会社のことをいう。その中でも、上場する企業を支援する業務を行い、引受比率も相対的に高い証券会社を一般的には「主幹事証券会社」といい、IPOにおけるメインプレイヤーとなる。

　主幹事証券会社は、上場準備段階から上場後のサポートまでを行う。上場の準備段階では、主幹事証券会社の公開引受部とともに、監査法人が作成したショートレビューに基づき資本政策、上場スケジュールの策定や事業計画の策定、社内の管理体制の整備というように、上場まで二人三脚で行動することとなる。このようなサポートの中、証券取引所の上場審査を受ける前段階においては、主幹事証券会社の審査部門による審査を受け、第三者的な立場で会社を多方面から審査することになる。IPO実務上でも、主幹事証券会社の公開引受部とは二人三脚で事業計画を共に作る協力関係の意識で行う感覚でいるが、審査部門は当然であるが客観的な第三者的立場で審査を行う役割を担うため、企業側も緊張感を持って対応することとなる。

4　株式事務代行機関

　株式事務代行機関とは、株主名簿作成事務の受託、株主総会招集通知の発送、配当等の株主の各種権利の処理といった上場する会社の株式に関する事務処理を代行する機関のことをいい、信託銀行や証券代行会社が行うこととなる。

　株式事務代行機関は、上場後の株式総会のサポートやアドバイス、株式関係のシステムの提供、法令の改正を踏まえた実務上のアドバイスといった株式に係る実務を総合的にサポートする機関となる。そのため、株式事務代行以外にも、実務上、株式総会実務のサポートを担ってくれる。

5　証券取引所

　証券取引所は、金融商品の市場の開設・運営を行い、会社の株式市場の流通の役割を担う。証券取引所は、2022年4月に区分を再編した。「プライム市場」、「スタンダード市場」、「グロース市場」の3つがある。企業側は上場するに当たり、どの市場に上場を行うのかを選択することになる。

　各市場により性質が異なる。スタートアップ企業が新規株式公開時に選択する頻度の高い東京証券取引所運営の「グロース市場」は、相対的にリスクが高いが、高い成長性を持つ企業向けの市場であり、「プライム市場」は多くの機関投資家の投資対象となるような高い流動性と透明性を保持し優れた経営を行う企業、「スタンダード市場」は一定の流動性と基本的なレベルは満たす経営能力を持つ企業、と区分されている。

　グロース市場は、プライム市場へのステップアップを視野に入れた成長企業向けの市場という位置付けである。そのため、審査基準が比較的緩く、審査期間も短縮される特徴を有している。また、どの市場に上場するかにより投資家の性質も異なり、外国人株主を獲得したい意図がある場合等、企業の性質により市場選択を行う。必ずしもスタートアップ企業がグロース市場で株式公開しなければならないわけではない。

COLUMN

スタートアップ企業を育成するグロース市場

　グロース市場とは、再編前のマザーズ市場に相当するものであり、スタートアップ企業などの新規産業や企業育成を目的とし、成熟した段階以前から証券市場を通じて資金調達の機会を提供し、一方で投資家に対しては成長企業に対する投資機会の提供という役割を担っている。

　このようなグロース市場に上場する際の審査基準としては、形式基準と実質基準が定められているため、簡単に紹介する。

・形式基準

　まず、形式基準であるが、投資家による売買が円滑に行われるために株式の流動性を担保する趣旨で株式に関する形式要件が定められている（有価証券上場規程217条）。流動性基準とも呼ばれている。

【株式の流動性基準】

① 　株主数：上場時までに株主が150人以上となる見込み
② 　流通株式：次のaからcまでに適合すること
　a 　流通株式数：上場時までに、1,000単位以上となる見込み
　b 　流通株式時価総額：5億円以上となる見込み
　c 　流通株式数：上場時までに、上場株券等の25％以上となる見込み
③ 　公募：上場日の前日までの期間に、500単位以上

　流動性基準の他の基準としては、コーポレートガバナンス体制の整備を行った上、継続的に事業活動を行っていることを担保する趣旨から、上場申請日から起算して1年前から取締役会を設置して継続的に事業活動をしていることや、財務諸表や有価証券報告書に虚偽記載を行っていないことなどの継続性基準も設けられている。そのほか、株式を公開する前提として株式の譲渡制限を行わないことといった要件などが存在している。

・実質基準

　形式基準をクリアしたとしても、直ちに株式を公開する適格性を有すると判断されるわけでなく、大きく分けて5つの観点からの実質的な基準を基に判断されることになる。細かくはさらに細分化された基準があ

るが、ここでは5つを紹介する。

① 企業内容、リスク情報等の開示の適切性

② 企業経営の健全性

③ 企業のコーポレートガバナンス及び内部管理体制の有効性

④ 事業計画の合理性

⑤ その他公益又は投資者保護の観点から当取引所が必要と認める事項

　上記のような基準で証券取引所により審査されることになる。スタートアップ企業の経営者からは、どの程度の売上高や利益を有していれば上場できるのかという質問もあるが、このような売上高及び利益に関する形式的な基準はなく、主幹事証券会社によって申請会社が高い成長可能性を有しているかを判断することになり、高い成長可能性を有していれば、増収増益である必要はなく、実際当期純利益が赤字の状態で上場している会社も存在する[*4]。

[*4]　例えば、2017年9月29日にマザーズ市場に上場したマネーフォワードや、2018年6月19日にマザーズ市場に上場したメルカリなど。

第3節　IPO準備のスケジュールの概要

1　IPOスケジュールの全体像

　IPO準備の標準スケジュールの設定は株式公開申請の時期目標を定めてから逆算していく。上場する年の期を「申請期」、又は「上場期」と呼び、その前の期を「直前期」、直前期の前の期を「直前々期」と呼ぶ。

　この内、監査証明が必要となる監査期間は直前々期から必要になるため、監査期間となる直前々期の事業年度までに内部管理体制の整備を完了していることが望ましく、その期間としては、一般的に1年から遅くとも半年前までには準備態勢を開始していなくてはならない。そのため、申請期から逆算して3年程度準備を行うことが標準である。直前々期までに、社内規程の作成、社内管理体制の構築、業務管理、マニュアルの作成、予算制度、利益計画の作成、会計制度、内部監査など、様々な管理体制を構築する必要があるため、上場するために駆け足で体制を整えるのではなく、会社としての足腰を鍛え、会社の管理レベルを上げていくためには準備期間をしっかり設けて運用していくことが望ましい。

2　IPO準備に係る業務内容

　本書はIPO準備に関する実務書ではないため、スタートアップ企業がIPOを目指すに当たり、準備業務の全体像を示すに留め、ポイントを掴みながら解説していく。

▶ショートレビュー

　準備業務のはじめとして、監査法人が企業の問題点を抽出し、IPO準備の課題を洗い出すことから始める。一般的に1週間程度の短期間の内

図8-2 上場準備スケジュール

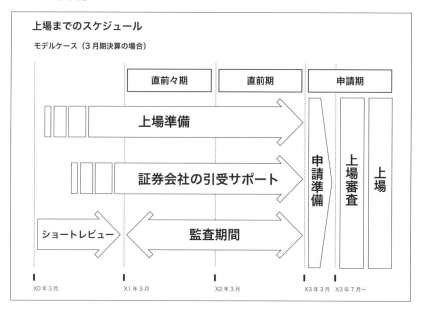

出典：株式会社日本取引所グループウェブサイト

に、経営者、管理担当者に対してヒアリング、書面調査を行い、課題の抽出及び改善方法を提案することになる。この調査を「ショートレビュー」といい、以下のような項目を調査することになる。

① 利益管理体制の整備状況

② 経営組織体制・内部管理体制の整備状況

③ 会計管理制度の整備状況

④ 関係会社の整備状況

⑤ 特別利害関係者との取引状況

▶コーポレートガバナンス

　コーポレートガバナンス（企業統治）は、昨今の企業の不祥事事例や粉飾決算事例もあり、株式上場審査において重要な審査対象となる。スタートアップの起業家にはコーポレートガバナンスに馴染みのない人も少なくないと思料するが、経営者による違法な業務執行防止、不正行為の防止等の法令遵守と共に、長期的な企業価値の増大に向けた企業経営の仕組みを整える必要性は理解されたい。

　この点、未上場企業であっても法令遵守は当然であるが、株式上場に伴い、多数の一般投資家が自らの株式を購入するに値する安定的な企業であることが市場の信頼基盤となり、自ずと企業統治の求められるレベルは高くなる。そもそも企業統治の考え方には、株主であるオーナーと実際に経営を行う経営者が分離する「所有と経営の分離」がなされ、株主と経営者の利害が相反するモラルハザードが発生する可能性を排除する背景がある。

　モラルハザードを防止する方法として会社法では、大会社は内部統制システムの構築の基本方針決定が義務付けられ（同法362条5項）、取締役の職務執行に係る情報の保存管理体制、損失の危険の管理体制、取締役の職務執行が効率的に行われることを確保する体制などを整備する必要があると定める（同法施行規則100条）。また、同法改正時にも、公開会社に対して社外取締役の選任を義務付ける法案が検討され、経営の場面において社外の目を入れることで経営の腐敗を防止するような議論がなされた。この点、米国では、株主総会により選任された取締役会は業務執行の監督機能を担う一方、業務執行は執行役が担うこととなり、執行とその監督の機能が明確に分離されている。

　この点、日本のスタートアップ企業の実情を理解した上で、どのようなコーポレートガバナンスが適切であるか議論が進められている。会社法に要請される義務を履行しながらも、外国の機関投資家の要請する社外取締役の選任なども積極的に進められる。経営者の裁量が大きい創業

者代表を牽制する機能としても、先輩起業家のような人員を選任するのもよい。企業の利益追求からも経験豊富な経営者の存在は望ましい。

▶予算制度

　一般投資家から信頼される業績見通しを作成するためにも精度の高い予算を策定する必要がある。近年スタートアップ企業が上場後すぐに下方修正を行い、投資家の信頼を損ねるような事案も目立った。インターネットサービスの場合、事業ボラティリティーが高く、1年後の利益の予測が困難であるという実情は否めない。しかしながら、株式価値毀損の金銭的損失は株主が負うことになる。必然、高い精度の予算策定が求められる。

　予算精度を高めていくためには、月次単位で予算実績の差異分析を行い、差異が生じた理由を改善することとなる。予算項目ごとに予算と実績に差が生じた要素を抽出し、例外的な事情が介在した場合においても、それを予期できなかったのか分析し、又は事後の報告フローを整備することで仕組み化する。管理部門による緻密な改善の積み重ねにより精度の高い予算制度の運用を作っていく。

▶人事労務制度

　人事労務制度であるが、就業規則の整備、各協定の有無、これらの手続きの遵守、従業員の時間外労働、深夜労働に関する割増賃金の支払い、労働保険、社会保険への加入の有無など、各種労務に関する法令遵守が求められる。手続き面においても、各協定の作成、従業員代表との意見聴取、労働基準監督署への届出などの手続きに瑕疵がないかを確認する必要がある。

　また、過去、従業員との間で紛争の発生や行政処分が科されていないかについても審査対象とされる。特に過重労働、パワハラ、セクハラ等、従業員との間で法的紛争事例が発生している場合、継続的な組織運

営を図っていく上で適正な労働環境でない可能性も考えられる。継続的かつ安定的な組織運営を図っていくため、そして従業員の健やかな労働環境のため、各企業に合った人事政策を構築、運用し、適正な人事労務環境を従業員に提供していく必要がある。

▶業務管理制度

　属人的でない組織的な企業運営を構築すべく、組織内における業務分掌と権限委譲を明確化する必要がある。属人的な権限行使を統制し、内部牽制を働かせることにも繋がる。具体的には、発注、購買、支払い、外注といった購買に関わる側面、受注、販売、回収、与信管理といった販売管理面や、在庫管理や固定資産の管理面で、組織内での業務分掌を明確にし、特定個人の権限を統制し、業務における不正を防止する仕組みを構築する。

　上場審査において、とりわけ健全な企業運営の構築面から重視されるが、上場準備前から、業務管理機能は構築しておく必要がある。特にスタートアップ企業では、サービス責任者が属人的に外注の発注権限を有している場合も少なくない。金額が適正であるか、外注先は適任であるかといった内部での牽制が働かず、不透明となる懸念が常につきまとう。もっとも、弾力性のない業務分掌は、スタートアップ企業の迅速な運営を阻害する懸念もあり、迅速性と健全性の両立を模索することとなる。

第4節　バイアウト時の法務問題

1　バイアウト時の法務総論

　バイアウト時の法務は、専ら買い手側企業による買収先企業のデューデリジェンスがディールの決め手となる。買い手側としては、買収先企業に法的リスクが存在し、将来の長期的事業運営が困難な場合には買収交渉自体を中止するブレーキ機能を果たすこととなる。また、リスク事由が一部存在した場合には、ディスカウント要素として買収金額の減額要素で査定することとなる。

　売り手側としても、買い手企業によるデューデリジェンスにより問題点が指摘された場合に、法的事由を適切に説明し、決してリスク事由ではないと法的対話を行うこととなる。その意味で、デューデリジェンスによる法的査定は決して敵対関係ではなく、建設的な対話関係であるべきである。買い手側としてもリスク要素を悪戯に炙り出すのではなく、企業実態を把握する過程として、リスクの顕在化を図る手続きとの考え方を志向すべきである。

　また、これらのデューデリジェンスによって、把握したリスク事由を踏まえて株式譲渡契約交渉の局面においても反映していくこととなる。売り手側企業は、査定されたリスク事由は表明保証から除外し、リスク事由を排除するよう義務として課せられることとなる。以下、順に解説していく。

2　デューデリジェンス

（1）デューデリジェンスとは

　デューデリジェンス（Due Diligence）とは、バイアウトの局面においては、買収先企業の企業価値を適正に評価するため、企業の収益性と

それに伴うリスクを詳細に調査することによって価値を査定する手続きのことをいう。

　企業買収を行う上では、買収先企業との間での事業上のシナジーのほか、自社サービスの拡充や規模のメリットを享受するアップサイドも期待できる。その反面、買収先企業が、把握していた債務以上の多額の簿外債務が買収後に発見されるケース、労務トラブルを多く抱えていることを買収前に発見できず、買収後に多くの重要な従業員が辞めてしまうケースなどが時折発生する。買収先の継続的な利益期待が見込めない事態は、過去の買収報道を見ても多々発生している。このような買収後の予期せぬ事態を買収前に把握しておくことで、買収交渉を中断する選択肢を持てる。企業価値の適正な把握を行えることなどから、デューデリジェンスは買収における重要な手続きといえる。デューデリジェンスは企業買収以外にも、投資時や資本業務提携時などにおいても行われる手続きであり、企業価値を算定する際に行われることとなる。

（2）デューデリジェンスの内容

　前述のような目的で行うデューデリジェンスであるが、調査観点から類型化されるもので、特段形式はないが、一般的には以下の5つの観点から行われることとなる。

---

① 　ビジネスデューデリジェンス

② 　財務デューデリジェンス

③ 　法務デューデリジェンス

④ 　人事デューデリジェンス

⑤ 　ITデューデリジェンス

　各デューデリジェンスの内容を解説していく。

① 　ビジネスデューデリジェンス

　　語義のとおり、ビジネス的観点から調査を行うものであり、買収先

企業内の調査と企業外の市場全体の調査という2つの観点で調査されることとなる。

　買収先企業内の調査は、ビジネスモデル、収益構造、事業構造を調査対象とするが、さらに細分化され、サービスの購買層の把握、セグメントごとの収益構造の把握、仕入先、販売先の選定基準、社内プロセス、業務フローの把握、これらの問題点とリスク分析といった、企業内に関わるあらゆるビジネスプロセスがデューデリジェンスの対象となる。特にこれらのプロセスなどに問題点が露見される場合には、買収後、自社との融合を図る上で重大な事業障壁となる可能性も高く、事業シナジーを図るどころか買収企業、被買収企業とで大きな軋轢を生むような結果となりかねない。リスク分析の上において、リスクは除去することができるか、あるいは修繕が困難な性質を有しているかも分析される。

　続いて、市場全体の調査を行う。将来利益の期待は企業内のみならず、競合企業の存在、市場シェア、市場全体の成長率、重大な法令改正可能性の有無にも左右される。買収先企業の適正な企業価値を把握する上でも、マクロな目線からの市場全体の把握は欠かせない。

　これらのビジネスデューデリジェンスを行った上、買収検討企業は、自社のビジネス環境をあわせ整理し、販売、発注、開発などの各プロセスにおいてのシナジーの有無、その規模等を分析し、買収交渉の決定を行う必要がある。

② 　財務デューデリジェンス

　財務デューデリジェンスでは、買収先企業の過去及び現在の財務状況を把握すること、そして財務の状況から将来発生するリスク事項を調査することにより、将来の収益期待を分析することも目的となる。買収先企業から提供された各計算書類、具体的には貸借対照表、損益計算書、キャッシュフロー計算書等を確認することとなるが、これらの計算書類から財務状況を確認するのみならず、計算書類に計上され

ていない潜在債務、重大な簿外債務など、不正な会計処理の発見も重要な目的の1つである。

　また、会計のみならず、買収先企業の税務リスクについても調査・分析する。過去の税務処理を調査することにより、買収後に予期せぬ税務リスクを負わぬよう多角的に分析することとなる。

　これらの事項を適正に調査分析することにより、買収先企業の企業価値を算定の上、買収価格の交渉へと移ることとなる。また、これらの財務デューデリジェンスの結果は、後述のように株式譲渡契約書における表明保証条項や被買収企業の義務として定めるため、法務部門としては財務情報を把握しておくことが望ましい。

③　法務デューデリジェンス

　法務デューデリジェンスの目的は、買収先企業の法的問題点を洗い出し、これらの問題点によって継続的な企業運営を図ることが可能かを判断することにある。

　例えば事業を行う上で必要な許認可を取得しているか、あるいは許認可を取得していたとしても違法性を伴っていれば事後的に行政処分が科される可能性もある。そのため、業法の欠格事由、禁止事由を踏まえて企業の実態を綿密に調査する必要がある。

　また、株式関係や組織関係などの会社の根幹を示す事項についても抜け漏れが許されない法務調査事項となる。現在の株主関係を調査するだけでも、株主名簿、株主の変遷を証明する過去の株主総会議事録、取締役会議事録などの書面を変遷ごとに確認する必要があり、これらにつき、会社法上の手続きを履行しているかを調査することとなる。

　法令のみならず、重要な取引における契約書についても調査事項となる。現在の収益を維持するために必要な取引先や提携先との契約書が期間満了又は解除規定により、契約が終了することによって、期待される業務が行えなくなる可能性がある。これらの契約書面の確認においては、会社の支配関係が変更された場合には解除の対象となる、

いわゆる「Change of Control条項」の存在も確認される。契約解除に伴い、多額の違約金が課せられている継続的取引に係る契約書も存在するため、リスクの多寡は今後の企業運営に影響する。かかる契約書の確認において、全ての契約書面を確認することは費用・時間の観点から適切ではなく、買収の規模に応じた範囲での確認を行う必要がある。取引金額の上位企業等に対象を絞り、迅速な買収交渉の阻害とならないよう留意する必要があろう。

④　人事デューデリジェンス

人事デューデリジェンスとは買収先企業を人事的観点から調査・分析するものであり、とりわけ定量的に計ることができない難しさがある。定量的に従業員数、各事業部における配分状況、固定費の状況、退職金の発生見込み金額などは把握可能だが、優秀な人材の買収後の流出可能性、組織文化の融合性、人材マネジメント戦略、昇進基準の変更による買収先企業の人員の反発可能性といった予測困難な発生可能性を見立てなければならない。

買収後の企業統合時に人事制度の統合を図ることになるため、事業を支える優秀な人材が将来にわたっても活躍できるような環境を整備しなければならない。人事デューデリジェンスによって発見された人事リスクに応じて、統合の方法やプロセスを思案し、統合後の円滑な事業運営を図る必要がある。

⑤　ITデューデリジェンス

ITデューデリジェンスにおいては、買収先企業のシステムの使用状況、当該システムの問題点、資産価値などを調査することによって、企業価値の算定への影響と統合後にどのシステムを利用することが円滑かを判断する基礎情報とすることができる。

特に現時点では問題なく利用できるシステムであり、統合後に当該システムを利用できることを期待していたものの、システムの構造上、性能の限界が生じており、これ以上の利用に耐えられないような

場合や、システムに取扱いのマニュアル化が行われておらず、属人性が高い仕様となっており、統合後の保守運用に適していないような場合が多く見受けられる。現在の企業運営におけるシステム利用による効率性に鑑みると、有益なシステムの利用は円滑な企業運営の継続の重大な要素となっている。

（3）デューデリジェンスと表明保証との関係性

前述のデューデリジェンスは株式譲渡契約における表明保証条項に影響を及ぼす関係にある点には留意が必要である。表明保証条項とは、買収先企業の法令違反の有無や財務状況などの事実が真実であることを経営株主及び買収先企業に表明保証させる条項をいう。仮に事後、真実でないことが判明した場合、契約解除や損害賠償請求を行えるという売り手側の担保責任を課す条項となる。

売り手側が表明保証すべき事項は、程度の差こそあれ、ある程度類型化されており、権限、手続き、法令違反の有無、財務情報が適正であること等が定められている。もっとも、デューデリジェンスにより一定の法令違反事由が発見された場合、売り手側は法令違反がないことを表明保証することはできない。当然、表明保証事由から除外することとなる。買い手側としても当該リスクは買収価格の算定で反映済みであることから、表明保証させるインセンティブはない。また、買い手側が表明保証に違反している事実を認識している場合には買い手側は表明保証違反により損害賠償請求を行うことができないとの裁判例[5]が出ているた

＊5　東京地裁平成18年1月17日判決判例タイムズ1230号206頁によれば、「本件株式譲渡契約締結時において、わずかの注意を払いさえすれば、本件和解債権処理を発見し、被告らが本件表明保証を行った事項に関して違反していることを知り得たにもかかわらず、漫然これに気付かないままに本件株式譲渡契約を締結した場合、すなわち、原告が被告らが本件表明保証を行った事項に関して違反していることについて善意であることが原告の重大な過失に基づくと認められる場合には、公平の見地に照らし、悪意の場合と同視し、被告らは本件表明保証責任を免れると解する余地があるというべきである。」とし、重過失の場合にも責任追及できないという裁判例も出されている。

め、実際の訴訟追行上も意義に乏しい。一方、表明保証違反ではなく、契約締結後クロージング日（実際の株式譲渡日及び対価額の支払日）までに改善できる事項は、クロージングの条件又は契約締結後の義務として一定期間日までに改善することを売り手側の経営株主の義務として課すこともある。法令違反事由が発覚し、今後改善できる事項については経営者により改善することを義務化して、買収取引を継続しつつも改善を図る処理が合理的である。

3　バイアウト時の契約交渉のポイント

（1）株式譲渡契約とは

　スタートアップ企業がバイアウトでのイグジットを図り、買い手側企業に対して経営株主らが有する株式を売却することとなる。

　売り手側のスタートアップ企業の株式を外部株主も保有している場合には、買い手側企業の売却と同時に売却することも多いが、当該外部株主については、経営株主と異なり、経営の執行に責務を負っていないため、株式譲渡契約における各種義務を課すことが難しい場合も多い。そのため、本書では経営株主との間で締結する株式譲渡契約を前提として解説していく。

（2）株式譲渡契約の解説

　株式譲渡契約において、いかなる内容を定めるべきであるか、ポイントとなる事項を解説していく。

▶株式譲渡の対象となる株式の確定

　譲渡の対象となる株式の内容を確定する。発行会社の特定、株式の種類、株式の数を特定し、実際の発行済株式数との乖離がないよう定める。

図8-3 株式売却

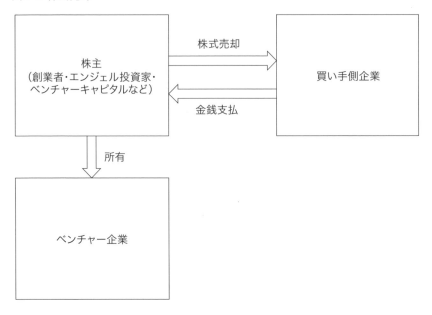

▶株式の価額とその支払方法

　株式を譲り受ける対価としての価格を定める。そして支払に関する規定として支払期日と支払方法を明確化し、契約締結日とクロージング日を分けて規定する場合にはクロージング日における前提条件を充足していることを条件として、株主名簿への記載と同時に支払を行う同時履行関係として定める。

　株式価額は、一定金額を一括で支払う方法が多いが、一定額についてはクロージング後に調整するような定め方をする場合もある。この場合、価格調整する手法を定め、例えば一定の財務指標を決め、財務指標の達成状況に応じて、残りの額の支払額が決定されるような定め方をする場合がある。

▶クロージング日までの前提条件

バイアウト実行までのプロセスとして、契約締結後一定の期間を空け、譲渡実行する日をクロージング日として定める場合がある。クロージング日までに、売り手側の手続き履行、そしてデューデリジェンスで露見されたリスク事項を解消していることを株式譲渡実行の前提条件として定めることとなる。買い手側としてはリスク事項が行われない限り、株式譲渡の対価の支払をしないで済む。

クロージングの前提条件として定める事項として、表明保証事項や各遵守義務（契約締結後クロージング日までに買い手側の事前承諾なく重大な経営の意思決定を行わないことなどを定めることが多い）に違反しないこと、株式譲渡の前提として官公庁による許認可が必要な場合、又は独占禁止法の届出が必要な場合には、これらの手続きが行われたこと、買収先企業による継続した事業運営のために前提となる契約が延長されること、重要な契約が解除とならないよう合理的な交渉を行うことなど、株式売却の前提となっていた事項に重大な変化がないことを担保する趣旨で定められる。

もっとも、デューデリジェンスにより明らかとなったリスク事項を全て解消することを前提条件と定めてしまっては、いつまでも株式譲渡実行が行われないこととなってしまう。前提条件として定めるべき事象か、株式譲渡の実行は行うものの、その後の経営株主の義務として是正することを義務付ける事象かを峻別する必要がある。例えば、デューデリジェンスによりユーザーからの重大なクレームが顕在化していることが判明した場合、当該クレームがクロージング日までに解決するとの予測は困難であり、譲渡の実行日が不確実になってしまうおそれがある。クレームが事業そのものを揺るがす場合はまだしも、通常のユーザークレームの範囲であれば、クロージング後の義務として当該クレームを円満に解決するよう経営株主に最大限努力義務を課しておけば足りる。

他方、事業を継続するためのライセンス契約等が存在する場合、契約

期間が終了する可能性がある場合には当該契約期間を延長することをクロージングの前提としておく必要がある。ライセンスを前提とした事業であれば、ライセンス契約が終了すれば企業買収を行い収益期待が困難となる可能性を秘めていることから、株式譲渡の前提条件として定めることも検討されよう。

▶クロージング

前述のようなクロージングの前提条件を充足した場合、クロージング日に履行すべき義務内容を定めることとなる。買い手側としては支払方法を定め、売り手側は株主名簿に登録された株主の名義を変更することとなる。また、株主名簿の名義が変更されたことを証明するため、クロージング日又はその後直ちに株主名簿を買い手側に発行する手続きなども定めることとなる。

▶表明保証

売り手側、買い手側共に、相手方に表明保証してもらいたい事項を定める。例えば以下の事項を定めることが一般的である。

・契約の締結及び株式の発行を行う権能を有していること
・契約の締結及び株式の発行に際する一切の手続きを適法に行っていること
・株式に関する事実が正確なこと（発行可能株式数、発行済株式数など）
・株式に何らの担保が付されていないこと
・会社の根本となる事実が正確なこと（定款、株主名簿、登記簿情報など）
・会社の財務諸表が正確なこと（BS、PLなど）
・会社に現在裁判手続きがなされていないこと

・反社会的勢力と何らの関係もないこと　など

　なお、当該表明保証条項の交渉実務として売り手側は、表明保証の範囲が余りに広範囲にわたり、知らない事項まで保証することが求められることも少なくない。表明保証に違反する場合、契約解除又は損害賠償請求される可能性があり、安易に保証できない事由まで定めてはならない。一般的な契約交渉としては、経営株主の「知る限りにおいて」や「知り得る限りにおいて」といった文言を加えることにより、知らない事項について表明保証の対象外とする交渉方法を採用することとなる。

　例えば、「第三者によって訴訟が現在提起されていないこと」については表明保証の対象としてよいが、「訴訟追行のおそれがないこと」に関しては経営者として予見し難い事項であり、知っている範囲内では訴訟追行のおそれがないとの表明保証を行う定め方が合理的である。

　また、財務諸表の正確性に関連し、何らの未計上の債務がないことまで表明保証することは困難な場合もある。上場会社といえども何らかの会計的な誤りが存在する場合がみられる中、未上場段階のスタートアップ企業が完全に適正な計算書類の作成が実務上は保証困難なこともあり、保証してよいかは考慮する必要がある。このような場合における交渉実務としては、「重大な簿外債務が存在しないこと」のような「重大な」「重要な」といった文言を追加する方法や、「但し、軽微なものは除く」といった文言を加えることで表明保証の対象外とすることも考えられる。

▶競業禁止と専念義務

　株式譲渡契約においては、経営株主の競業禁止条項を定めることがある。せっかく高額で対象会社を買い受けた場合においても、当該会社の経営者がすぐに同種の企業を設立し、会社のノウハウを活かして競合す

る事業を行われてしまったら、買い受けた意義が薄れる。

　そもそも企業成長の秘訣は優秀な経営者が迅速かつ正確な意思決定を行っていることにあり、経営者が退任することは企業価値を大きく毀損する。そのため、株式譲渡を行った後も、一定期間は経営者として残り続けて、経営に専念し続ける義務を課すことがある。どのような期間が合理的かは、業種や企業ごとの個別具体的な事由によるため、一般的な期間はないものの、1年から3年の定めをよくみる。そして、競業禁止規定は、上記専念義務が明けたと同時に解禁される場合や、専念義務が明け、退任後一定期間競合する事業を行ってはならないとする場合がある。特に、経営者の再現可能性に依存する事業構造の場合、買い手側としては一定期間競合する事業は禁止しておいた方がよい。

▶損害賠償（補償）

　表明保証義務や各義務に違反する場合、売り手側に対して損害賠償を請求することとなるが、双方の立場を想像し、条項を定めることとなる。

　買い手側は、契約違反事由、損害の発生とともに、その損害額も買い手側の立証責任として証明する必要がある。表明保証に違反した場合、具体的金額として損害額の確定の把握が困難な場合がある。そのため、買い手側としては、損害及び一定の損害額を推定する規定を定めることにより、立証責任を緩和することが望ましい。

　他方、売り手側からすれば、成長させた企業を売却したにもかかわらず、売却金額を返還する可能性が無期限に及ぶことは酷となる。損害賠償の請求は一定期間内に限定する契約交渉を行うことが少なくない。例えば「法令違反しないこと」というような広範囲での遵守事項が定められた場合、未来永劫にわたり一切法令違反をしないことが課され、一度でも違反した場合に売却金額の返還が課せられることなどはバランスを失する。また、軽微な違反事由など、一定の違反を原因とする損害賠償

については、一定の金額を超えるような重大な事由に限り請求できるようにすること、あるいは損害賠償の上限として譲渡金額の数割の金額とするような定めも採用される。

▶アーンアウト条項

アーンアウト条項（earn-out）は、クロージング後の一定期間において、財務指標（売上高、純利益、EBITDA等）や一定のマイルストーン（新商品・新サービスの開発等）の達成を条件として、買収対価に追加して対価を支払うという条項である[*6]。つまり、一定の条件の下で、買収対価を後払いするという設計になる。

スタートアップ企業のバイアウトにおいては、そのバリュエーション評価が困難であり、バリュエーションについてスタートアップ企業側と買収者側とで合意に至ることが難しく、一定の調整が必要となる。このためにアーンアウト条項により、買収対価を調整することが可能となる。

また、クロージング後も経営株主が経営に関与するケースにおいては、買収者の立場からは、バイアウト後の経営株主を経営にコミットさせるためのインセンティブをいかに与えるかが課題であるところ、財務指標やマイルストーンの達成によって追加の対価を得られることを経営株主のインセンティブとすることができる。ただし、アーンアウト条項は、買収対価の調整であるため、アーンアウトの条件が達成されると、経営株主以外の投資家にも分配されることになる。投資家が優先株式を保有していれば、一定の金額については投資家に優先的に対価が分配されてしまい、経営株主の魅力は大きくないケースもある。

アーンアウト条項は、スタートアップ企業・買収者の双方にとって有益な設計になり得る。このため、アーンアウト条項の活用により、バイ

[*6]　マネックスグループによるコインチェックの買収の案件でもアーンアウト条項が付されている（2018年4月6日プレスリリース）。

アウトの実現をより容易になることが期待される。

　ただし、その設計のために、アーンアウトの条件、アーンアウトの条件が達成された際の追加対価の額や算定方法、アーンアウトの条件達成のために買収者が遵守するべき義務の有無や内容など、スタートアップ企業側と買収者間で交渉すべき事項が多数ある。特に、買収者側の義務として、アーンアウトの条件達成のために経営株主に協力するべき義務を定めるか、定めるとしてその内容を商業上の努力義務とするのか、又は買収者による一定の行為について経営株主の事前承諾を必要とするなど具体的な義務を定めるのかといった点は、利害が強く対立する点であり、アーンアウト条項の合意に至らないケースも多い。

おわりに

▶本書の意義

これまで網羅的にスタートアップ企業経営に関連し、法的事象が発生するケースが多い事例を中心に解説してきた。

スタートアップの企業経営はプロダクト開発、営業活動、マーケティング、採用等、活動は多岐にわたり、全ての活動に法務が介在すべきか判断に迷うことも多い。しかしながら、スタートアップ初期に意思決定した事柄は後戻りのできない重要な意思決定が伴う。資本政策、ファイナンス、知的財産権の定め、事業提携の権利義務設計等、一度の意思決定が企業の存亡に関わる取り返しのつかない事象を招いたことを何度も目にしてきた。

したがって、本書の役割は、スタートアップ企業の経営者が本書に書かれた事項が後戻りができない重要な法務事象なのだと認知していただくことが重要である。実務では、本書の記載内容では足りず、会計・税務を踏まえた多様な観点からの考察が必要となる。本書で触れられた法的事象を基に、大枠の考え方を学び取り、専門家に相談した上で、経営に生かしてほしいと考える。

▶スタートアップをサポートする専門家として

専門家からの相談事項では、スタートアップ企業のサポートを行いたいが、どのようにサポートをすべきかと聞かれることがある。スタートアップ企業が本業に専念し、その力を万全に発揮できるよう業界慣習を熟知している専門家が多面的にバックアップする必要性は大きい。

スタートアップ企業を支援する専門家に対し助言をするならば、スタートアップ企業のステージを理解することが重要である。スタートアップの起業家側からの専門家への不満を時折耳にするが、「上場企業レベルのガバナンス体制・監査体制をアーリーステージのスタートアップ企

業に対して適用してくる」という内容である。アーリー段階だからといってガバナンスを軽視すべきではないが、プロダクト改善に専念すべき初期段階の企業体に対し、最適な機関設計を探ることなしに、一律の機関設計を提案することは妥当ではない。内部統制や内部監査の牽制が必要な場面も存在するが、そのスタートアップ企業においては会社の不正を検知する機能は機関設計よりも発注フローの改善といった業務改善プロセスの方が適している場面もある。

　そのスタートアップ企業の業態、リスクを見極めた上で、会社の成長ステージに応じた管理体制を構築することが何より重要である。専門家側が考えるガバナンスモデルを一律にアドバイスすることは会社の成長性を阻害しかねない。スタートアップをサポートする専門家としては、法律や慣習を熟知した上で、サポートする企業のビジネスモデル、業界構造、財務状況を適切に見極める能力を会得することも怠ってはならない。形式的な事項だけでなく、日々サポートする企業と経営者の実質を見続けることが何より大切である。

　また、「法律」だけが唯一の解決策ではないことに自覚的にならなければならない。スタートアップ企業の成長過程には多くの課題が発生する。優秀な人材の確保、取引先との提携、開発に要する追加資金調達、典型的なスタートアップ企業が迎える課題に対し全て法律や合意が解決してくれる訳ではない。紛争の解決や未然防止は、契約合意よりも、取引先との長期的な友好関係の構築や社会からの信頼の確保にあると考える。専門家にとっては仮に取引先と紛争になりそうなとき、法的解決を勧めるのかどうかで判断が問われる。法的解決よりも、当該取引先の経営者間で双方の言い分を正面から議論することを促すことが解決に結びつく場合もある。場合によっては、今後の成長を踏まえ、自社に有利な解決をしない方が長期的利得に繋がる可能性すらある。「法」の持つ特殊性を適切に評価し、法以外の解決策を常に持っておくとよい。法で解決する問題と、法以外の解決手段を適切に峻別する能力が問われる。多

くの経験と実績が問われる場面であろう。

▶スタートアップの起業家が行うべきこと

2010年代初期までは、スタートアップフレンドリーな弁護士が少ないこともあって、法務事象も起業家自身が時間を割いていたことも多いように見受けられた。PL・BS、プロダクトの最終責任者であり、同時に財務、法務、採用人事、労務管理といった事項にまで最終責任、実務を遂行し続けている起業家も見受けられた。

しかしながら昨今はスタートアップ企業内にも企業内弁護士や、外部にも理解ある弁護士がインフラとして整ってきたこともあり、早めに専門家に相談すべきである。不慣れな事項に起業家自ら重要なリソースを投下するより、企業価値の成長にコミットした方が良い結果を生む。資金調達後の早い段階で管理担当役員となるべき人員を採用し、管理事項全般を任せられる人材の流動性も生まれてきている。2000年代は上場審査準備段階で初めて管理担当役員が就任していた場面を多く見てきたが、現在では初期段階でも役割分担が出てきている。

役割分担が進むシリコンバレーにおいては、シリーズB、シリーズCのようなミドルステージにおいても、ベンチャーキャピタルが推薦するプロ経営者をCEOとして選任し、創業者はプロダクトの責任者としてサービス改善に専念するといった役割分担も見受けられる。合理的であろう。日本の場合にはプロ経営者の不足からここまでの役割分担は少数であるが、早い段階で管理全般を任せられる人員を採用することが合理的であろう。

▶専門家人材のスタートアップ企業への進出

昨今弁護士、公認会計士といった専門家人材がスタートアップ企業に早期から入社している事例が見受けられる。従来は企業内弁護士も大企業の法務部に入社するケースが大半であったが、昨今は創業間近に業務

執行を兼任しながらも、管理部業務も推進していく役割を期待され、場合によりスタートアップ企業の役員に就任しているケースも増えてきている。

　創業間近のスタートアップ企業においては、管理面だけを担うような線引きする姿勢では会社への貢献度は限られる。プロフェッショナルとしてのマインドよりも、その会社の成長に何でも貢献していくマインドの方が求められよう。外部にいる専門家や分析者ではなく、企業内部にいるからこそ見える企業の本当の有り様に貢献していける。専門家人材だからこそ、専門性の壁を越えた貢献を意識していくことが求められる。

　業務監督者でありながらも、業務執行者である。スタートアップ企業の荒波を楽しむ心持ちが大切であると考える。2010年代後半からはそのような人材がスタートアップ企業の役員に就任しているケースも増え、今後もこのような流れは加速していくであろう。

▶スタートアップに関わる弁護士を選択するために

　同業の弁護士又は弁護士志望者から、スタートアップ企業の顧問先支援を専門としたいがどのようにすればいいかとの相談を受ける。まずはスタートアップ企業に関わる職業に就くことが大事である。法律事務所に限らず、スタートアップ企業に法務として入社するのみならず、事業部門として入社するのもよいであろうし、最近ではベンチャーキャピタリストとして入社する例も増えている。

　スタートアップ企業やキャピタリストでの経験は、その後、弁護士に戻った後でも顧問先支援に十分に経験となる。職業として法律を扱うのか、財務経理を扱うのか、あるいは業務執行も兼任するのか。関わり方の程度こそあれ、スタートアップ企業の内部でどのような意思決定が日々行われているのか「現場」で感じた経験は得難いものとなる。関わり方こそあれ、兎に角スタートアップ特有のスピード感、そしてダイナ

ミズムのある現場に身を置いておくことがスタートとなる。

▶最後に

　日本においてスタートアップ企業の市場環境は、この10年で変わった。資金調達の市況も良く、様々なSaaSソリューションが生まれた結果、採用、管理業務、インフラ構築の難易度も下がり、起業しやすい環境が東京を中心に作られている。今後もスタートアップ企業の成功事例からキャピタルゲインを有した人材が起業に挑戦し、次なるイノベーションが生み出されていくだろう。

　モバイル通信環境、ソフトウェア処理能力の向上から、これからも様々な場面でイノベーションが起き続けていくが、「法」がそれを支援する役割を担えるか弁護士として懸念している。法が策定された場面で想定されていない事象が近年続き、法の存在ゆえにイノベーションが阻害される場面も目立っている。法は、時代ごとに合った改修、リメイクが必要であり、法それ自体に改修の余地を残す法技術もさらに改善を考える必要がある。法では基本概念を語り、比較的改正が容易な施行規則に具体基準を定める方法や、地方の特殊性を活かして各条例で具体化する試みも行われているが、上手くいっていない事例も見受けられる。イノベーション時代の「法」の定め方のトライアンドエラーもまさに今始まったばかりなのである。

　また、法律関連分野のテクノロジー開発も進んでいる。法と技術を活用した「リーガルテック」と呼ばれる分野である。著者自身もリーガルテック領域にあるが、日進月歩で技術は進化している。法を扱う専門家としての資質もまた変わりゆくだろう。「法」もまたテクノロジー時代を迎える。契約書が物理的紙媒体で出力されていた時代は変化を迎え、データ・ドリブンな契約時代が到来している。企業活動における証憑である契約書が全てデータ管理されることで、日々の事業活動・営業活動は適切にモニタリング可能となる。そして、司法もまたデータをどのよ

うに扱うか議論が進むであろう。日々の紛争解決の国家的資産とも言える膨大な裁判例を、未来の司法解決又は取引紛争予防のために、いかなる活用をすべきか真剣な議論が必要であろう。各論ではプライバシー保護の問題、予算上の問題が存在するが、さらなる紛争を予防するためにもデータ活用で社会生活をより公平にできる余地は残されている。いずれ真剣な議論が巻き起こるであろう。

　上記のように現代を生きる法律家たちの役割は大きい。そして未来には、法律家がよりテクノロジーを真に理解し、法との接合を思想できる者が増加してくるであろう。そのとき、法律家は本書で取り上げてきた起業家、技術者たちと接する機会が増え、サポートの仕方も進化してくると予測する。そのとき本書の知識もまた陳腐化され、役割を終えているだろうが、変わりゆく時代に生きる当事者として、法の進化に携わっていきたいと思う。

事項索引

[著者紹介]

橘　大地（Daichi Tachibana）

　弁護士ドットコム株式会社取締役執行役員 クラウドサイン事業本部
長。弁護士。契約マネジメントプラットフォーム「クラウドサイン」の
事業責任者の他、AIやブロックチェーン等の先端技術を活用したリーガ
ルテックの研究開発等を行う。同社所属前まで、スタートアップ企業を
顧問先企業として多数抱えていたGVA法律事務所に所属し、スタート
アップ起業支援を行ってきた。著書として、『アプリビジネス成功への
法務戦略』（技術評論社、2015年）等。スタートアップ企業法務、ゲー
ム・アニメーション・漫画などのエンターテイメント法務、IPOサポー
ト、渉外法務等を取り扱ってきた。

中野　友貴（Yuki Nakano）

　弁護士法人クレア法律事務所所属弁護士。

　スタートアップ企業支援を主な業務とする。契約書の作成・審査、サー
ビスの適法性審査、ファイナンス、労務、ファンド法務など、スター
トアップ企業に関わる法務支援を総合的に取り扱う。IoT、AI、FinTech
などのビジネス領域の支援に注力する。

　著書として『IoTビジネスを成功させるための法務入門』（第一法規、
2016年）、『先生！バナナはおやつに含まれますか？〜法や契約書の読み
方がわかるようになる本』（第一法規、2018年）がある。また、ビッグ
データビジネス法務、スタートアップ法務に関わる講演も多数行ってい
る。

サービス・インフォメーション

　　　　　　　　　　　　　　　　　　　　　　　━ 通話無料 ━
━━━━━━━━━━━━━━━━━━━━━━━━━━━━━━━━━━━━━━
①商品に関するご照会・お申込みのご依頼
　　　　　　　TEL 0120 (203) 694／FAX 0120 (302) 640
②ご住所・ご名義等各種変更のご連絡
　　　　　　　TEL 0120 (203) 696／FAX 0120 (202) 974
③請求・お支払いに関するご照会・ご要望
　　　　　　　TEL 0120 (203) 695／FAX 0120 (202) 973
━━━━━━━━━━━━━━━━━━━━━━━━━━━━━━━━━━━━━━

●フリーダイヤル（TEL）の受付時間は、土・日・祝日を除く
　9：00〜17：30です。
●FAXは24時間受け付けておりますので、あわせてご利用ください。

ベンチャー経営を支える法務ハンドブック（改訂第2版）
ースタートアップを成長させる法と契約ー

2023年3月15日　　初版第1刷発行

著　者　　橘　　　大　地
　　　　　中　野　友　貴
発行者　　田　中　英　弥
発行所　　第一法規株式会社
　　　　　〒107-8560　東京都港区南青山2-11-17
　　　　　ホームページ　https://www.daiichihoki.co.jp/

ベンチャー法務2　ISBN 978-4-474-09126-9　C2032（4）